법 안의 사람 법 밖의 사람

법 안의 사람 법 밖의 사람

정필운 지음

What Is a Human
Through the Lens of Law

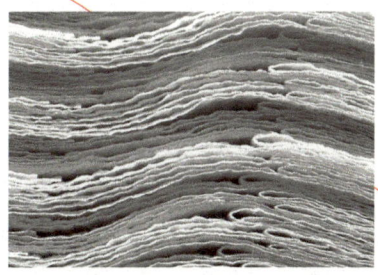

법 ———— 법으로 보는 사람이란 무엇인가

법 안의 사람 법 밖의 사람

1쇄 발행 2024년 9월 26일

지은이 정필운
펴낸이 조일동
펴낸곳 드레북스

출판등록 제2023-000148호
주소 경기도 파주시 탄현면 헤이리마을길 93-144, 2층 1호
전화 031-944-0554
팩스 031-944-0552
이메일 drebooks@naver.com

인쇄 프린탑
배본 최강물류

ISBN 979-11-93946-25-1 03300

- 이 책은 저작권법에 따라 보호받는 저작물이므로 무단 전재와 무단 복제를 금지하며, 이 책의 전부 또는 일부를 이용하려면 저작권자와 드레북스의 동의를 받아야 합니다.
- 책값은 뒤표지에 있습니다.
- 잘못된 책은 구입하신 서점에서 바꿔 드립니다.

인격적으로 점잖은 무게 '드레'
드레북스는 가치를 존중하고 책의 품격을 생각합니다

들어가는 글

"저 사람은 법 없이 살 사람이야."

우리는 흔히 이렇게 말한다. A가 B를 이렇게 평했다면 A는 다음과 같은 마음을 가지고 있을 것이다.

'B는 매우 도덕적이어서 법으로 강제하지 않아도 자기 스스로를 잘 다스려서 다른 사람에게 폐를 끼치지 않거나 다른 사람을 위해 헌신하는 사람이야.'

A처럼 특정한 개인은 매우 도덕적이어서 법으로 강제하지 않아도 자기 자신을 규율하고, 다른 사람에게 폐를 끼치지 않거나 다른 사람을 위해 헌신하는 '법 없이 살 사람'이 될 수 있다. 그러나 일정 규모 이상의 큰 공동체에서 '모든 사람'이 다 도덕적

이어서 법으로 강제하지 않아도 자신을 규율해서 타인에게 폐를 끼치지 않거나 타인을 위해 헌신할 사람일 수는 없다. 따라서 일정 규모 이상의 큰 공동체가 법 없이 유지되기는 어렵다. 그래서 '법 없이 살 공동체'는 존재하지 않는다.

일정 규모 이상의 큰 공동체에서 다른 사람과 더불어 사는 B를 생각해보자. A가 생각하기에 'B는 매우 도덕적이어서 법으로 강제하지 않아도 자기 스스로 규율해서 다른 사람에게 폐를 끼치지 않는 사람 또는 다른 사람을 위해 헌신하는 사람'이다. 그렇다면 B는 그 공동체에서 다른 누구보다도 법이 필요한 사람일 수 있다. 우리의 경험에 의존해보았을 때 이런 사람은 매우 비도덕적이어서 자기 자신을 규율하지 못해 다른 사람에게 폐를 끼치는 사람에게 다른 누구보다 취약하게 노출되어 있기 때문이다.

오늘날 우리가 쓰고 있는 제도의 근간인 근대 유럽 사회와 제도를 설계하는 데 크게 이바지한 사회계약론자들은 일찍이 이 사실을 간파했다. 17세기 영국의 철학자 토머스 홉스는 그의 명저 《리바이어던》에서 자연상태를 '만인에 대한 만인의 투쟁 상태'로 표현한 바 있다.

자연상태를 만인에 대한 만인의 투쟁 상태로 만드는 요인은 자연적 욕구로서 인간의 허영심이다. 악한 인간이 서로의 멸망을 막을 수 있는 것은 죽음에 대한 공포로 인한 개인의 자기보존 욕구다. 즉 자연상태에서 인간은 그의 자연적인 욕구인 허영심 때문에 타인보다 끊임없이 우월하고자 하고 이를 인정받으려 한다. 모든 사람이 타인에게 이렇듯 최대한의 요구를 하기에 자연상태에서는 투쟁이 끊임없이 이어진다. 따라서 자연인은 투쟁 때문에 항상 죽음의 위험에 처한다. 인간은 투쟁 과정에서 타인을 죽임으로써 죽음의 위험에서 벗어날 수 있으나 그것은 일시적인 처방일 뿐이다. 영속적인 대책은 타인을 적에서 친구로 만듦으로써 가능해진다.

이렇듯 타인을 적에서 친구로 만드는 방법이 사회계약이다. 사회계약을 통해 인간은 자연상태를 벗어나 국가를 구성한다. 국가는 각 개인의 안정을 보장하기 위해 설립된 것이다. 홉스의 사회계약은 결합계약인 동시에 복종계약이다. 사회계약의 체결과 더불어 각 개인이 자연상태에서 가지고 있었던 자기보존권은 지배자의 수중으로 이양되고 그것은 국가권력으로 탈바꿈한다. 홉스는 이를 《구약성서》〈욥기〉에 나오는 괴물 리바이어던에 비유했다. 그리고 법치주의가 확립된 현대 입헌민주국가에서 국가는 법을 제정하고 이로써 국가의 질서를 유지해 홉스가 염려한 죽음의 위험으로부터 시민을 보호하고 있다.

이렇게 보면 '법 없이 살 사람' B야말로 그 공동체에서 다른 누구보다도 법이 필요한 사람이다. 이런 의미에서 자연상태에서 혼자 사는 사람이 아닌 공동체에서 다른 사람과 더불어 사는 사람 중 '법 없이 살 사람'은 없다. 우리는 모두 '법이 있어야 살 사람'이다.

그렇다면 '법'은 무엇일까? 법은 도덕, 윤리, 종교 규범, 관습 등과 무엇이 같고 무엇이 다른가? '법'이 생각하는 사람은 무엇인가? 법이 바라보는 세상은 무엇인가? 법은 사람을 어떻게 규율할까? 사람과 사람 사이에 적용되는 법원칙은 무엇일까? 정부에 적용되는 법원칙은 무엇일까? 질문이 꼬리에 꼬리를 물고 이어진다. 그리고 "아는 만큼 보인다."라는 말처럼 법을 알면 알수록 법과 관련된 사회현상을 잘 이해할 수 있고 법으로 나와 내 가족, 나아가 내 공동체, 우리나라를 잘 보호할 수 있다. 이제, 이 책과 함께 법을 통해 사람과 사람 사이로 여정을 시작해보자.

존경하고 사랑하는 장모님께서 하루빨리 건강을 되찾으시길 기도하며 이 책을 장모님께 바칩니다.

2024년 9월

차례

| 들어가는 글 |

1장 ● 사회가 있는 곳에 법이 있다

더불어 살기 위한 최소 규칙 ___ 016
법을 강제하는 수단은 무엇인가 ___ 020
법은 어떤 기능을 하는가 ___ 023
법의 형식과 체계 ___ 026
조문을 알면 법이 보인다 ___ 031

2장 ● 근대의 법, 현대의 법

근대국가의 성립과 법의 출현 ___ 036
현대국가로 이행과 법의 발전 ___ 042

3장 ● 사람, 이상과 현실 사이

사람은 자유롭고 평등하다 ___ 045
더불어 사는 자기결정권을 가진 인격체 ___ 047
이성적이고 합리적인 사람 ___ 052
현실에서 볼 수 있는 보통 사람 ___ 057
법이 바라보는 사람 ___ 061

4장 ● 법률관계의 권리와 의무

법률관계와 호의관계 ___ 064

양자를 구별하는 기준 ___ 067

권리와 의무 ___ 072

권리와 구별되는 권한 ___ 077

5장 ● 시민과 시민의 관계: 사적 자치

사회 영역의 대원칙은 사적 자치 ___ 084

사적 자치의 수정 ___ 088

재산권, '절대'에서 '존중'으로 ___ 092

계약, 완전한 자유에서 일부 제한으로 ___ 095

과실책임 원칙에 무과실책임도 일부 수용 ___ 098

6장 ● 시민과 국가의 관계 1: 민주주의

민주주의란 무엇인가 ___ 103

직접민주제의 실현과 그 한계 ___ 117

대의민주제의 실현과 그 한계 ___ 124

끊임없이 모색되는 대안과 보완 방법 ___ 130

7장 ● 시민과 국가의 관계 2: 법치주의

법치주의란 무엇인가 ___ 135
법은 명확하고 소급하지 않아야 ___ 141
민주주의만으로는 부족해서 ___ 148

8장 ● 시민과 국가의 관계 3: 복지국가

복지국가란 무엇인가 ___ 152
수정자본주의 시장경제 질서 ___ 154
복지국가 실현의 한계 ___ 159

9장 ● 침해당한 권리의 구제

국가와 다른 시민에 의한 권리침해 ___ 163
권리침해에 대한 법적 구제 방법 ___ 166
권리침해에 대한 법 외의 구제 방법 ___ 170

10장 ● 법은 도덕을 강제할 수 있는가

법과 도덕의 관계, 간통죄 처벌 ___ *176*
법을 통한 도덕 강제의 조건과 한계 ___ *184*

11장 ● 법은 사회문제를 해결할 수 있는 수단

정책적 관점에서 바라본 법 ___ *189*
사회문제를 해결할 수 있는 다른 수단 ___ *193*
법과 다른 수단의 상호작용 ___ *200*

12장 ● 공존을 위한 규칙, 그 오해와 이해

사법, 공법, 그리고 사회법 ___ *206*
법의 종류에 관한 오해와 이해 ___ *209*

| 마치는 글 |

| 참고문헌 |

─── 사회가 있는 곳에 법이 있다

더불어 살기 위한
최소 규칙

　사람은 다른 사람과 더불어 산다. 더불어 살다 보면 크고 작은 이해가 충돌하고 이것을 적절히 해결하지 않으면 다툼이 생기기 마련이다. 다툼이 커지면 개인 사이에 주먹다짐이 일어나고 나라 사이에 전쟁으로 이어지기도 한다. 이것이 토머스 홉스가 주목했던 인간 세상의 모습이었다. 17세기 유럽은 정치·사회적으로 매우 혼란스러운 시기였다. 대륙에서는 독일의 신·구교도의 종교적 대립에 덴마크, 스웨덴, 프랑스 등이 간섭함으로써 30년전쟁이라는 전란이 계속되었고, 영국에서는 1628년 권리청원, 1637년 스코틀랜드반란, 그리고 1642년부터 1649년의 청교도혁명과 이 결과인 크롬웰의 공화정 등으로 무질서와 혼란이 계속되었다.

이런 혼란은 토머스 홉스가 말한 것처럼 사람에게는 '죽음에 대한 공포'를 낳고 그 끝은 '죽음'이다. 따라서 죽음에 대한 공포를 극복하고 더불어 살기 위해 사람들은 공동체를 이루어 모여 산다. 이 공동체를 오래도록 유지하려면 서로의 이해가 충돌할 때 이를 조정하고 다툼이 생겼을 때 이를 해결할 규칙이 필요하다. 이처럼 법이란 사람들이 더불어 살기 위해 정한 규칙이다. "사회가 있는 곳에 법이 있다."

법은 도덕, 윤리, 종교 규범, 관습 등의 사회규범 중 하나다. 그러나 법은 '강제성'이 있다는 측면에서 이들과 결정적으로 차이가 있다.

다음 사례를 살펴보자. 피고인 갑과 피해자 을(29세)은 동네 선후배 사이로, 2005년경 당시 필리핀에서 관광 가이드 일을 하던 피해자 을은 경마 도박으로 7,000만 원 상당의 돈을 잃고 일정한 직업이 없던 피고인 갑에게 필리핀에서 관광 가이드 일을 함께하자고 권유했다. 이에 을은 갑과 함께 필리핀으로 출국해 여행사에 입사했다. 당시 경제적 상황이 좋지 않았던 갑은 을과 을의 여자 친구가 빌린 집에 함께 거주했다. 갑은 2005년 10월 4일 밤 10시경 필리핀의 한 주점에서 직장 동료 등과 함께 술을 마신 후 집으로 돌아왔다. 갑은 다음날 새벽 6시경 을의 방으로 들어가 잠을 자고 있던 을을 깨운 뒤 을과 금전 문제로 심하게 말다툼을 했고, 그 과정에서 화가 난 갑은 을의 머리를 손으로 1회 가격하면서 "너 죽을래?"라고 말했다. 이에 을이 평소와 달리 갑에게 화를 내며 "그래, 죽여라."라고 말하며 대들자, 갑은 순간적으로 격분해서 을을 살해했다. 이에 대해 법원은 "갑을 징역 10년에 처"하는 판결을 했다.〔서울중앙지방법원 2016.11.8. 선고 2016고합587 판결〕

사람에게 생명은 가장 중요한 이익이므로 살인은 타인에게 가장 중요한 이익인 생명을 빼앗는 중대한 행위다. 따라서 옛날부터 어느 사회든 "살인하지 말라."라는 도덕이 있었다. 그리고 우리 형법은 도덕에 근거해 살인죄를 명시적으로 규정해왔다.

제250조(살인, 존속살해)
① 사람을 살해한 자는 사형, 무기 또는 5년 이상의 징역에 처한다.
② 자기 또는 배우자의 직계존속을 살해한 자는 사형, 무기 또는 7년 이상의 징역에 처한다.

이 사건에서 법원이 "피고인을 징역 10년에 처"한 것은 형법 제250조에 근거한다.

1953년 9월 18일에 형법이 제정된 이후 법은 "사람을 살해하지 말라."라는 법적 의무를 대한민국 시민 모두에게 부과했다. 이처럼 법은 어떤 사건이 발생하기 전에 행위규범으로 기능한다. 한편, 법적 의무가 있었는데도 불구하고 앞 사건의 피고인은 이를 위반하고 타인을 살해했다. 그러자 법원은 그를 "징역 10년에 처"한 것이다. 이처럼 어떤 사건이 발생한 후에 법은 평가규범으로 기능한다. 그리고 이때 '징역 10년'의 형벌은 법을 위반한 것에 불이익을 준 것이다. 법학에서는 이를 '제재'라고 하고, 법을 위반했을 때 제재할 수 있는 수단이 있다는 점에서 '법은 강제성이 있다.'라고 표현한다. 강제성을 가지는 점에서 법은 도덕, 윤리, 종교 규범, 관습 등의 다른 사회규범과 다르다.

모든 도덕, 윤리, 종교 규범, 관습을 법으로 만들어 제재하는 것은 가능하지 않고 바람직하지도 않다(이에 관한 자세한 내용은 10장을 참고할 것). 법은 그 위반 시 제재하기 때문에 자제가 필요하다. 이런 의미에서 법은 사람이 더불어 살기 위한 최소 규칙이다.

법을 강제하는 수단은 무엇인가

 제재란 법을 위반했을 때 부과하는 불이익이다. 형법의 형벌·보안처분, 행정법의 과태료·과징금·강제이행금, 헌법의 탄핵, 민법의 불법행위에 의한 손해배상과 채무불이행에 의한 손해배상 등이 이에 속한다.

 형법 제250조에서 살인을 죄로 규정하고 이에 위반했을 경우 "사형, 무기 또는 5년 이상의 징역에 처한다."라는 규정에서 '사형', '무기징역', 5년 이상의 징역을 비롯한 '유기징역' 등을 '형벌'이라고 한다. 형벌은 법에서 가하는 제재 중 가장 강한 제재다.

 우리 형법은 9가지 종류의 형벌을 규정하고 있다.

제41조(형의 종류)

형의 종류는 다음과 같다.

1. 사형, 2. 징역, 3. 금고, 4. 자격상실, 5. 자격정지, 6. 벌금, 7. 구류, 8. 과료, 9. 몰수

형법의 보안처분이란 범죄로부터 사회를 방위하기 위해 가해지는 형사제재를 말한다. 형벌이 과거의 위법한 행위를 비난하며 범죄자에게 불이익을 가하는 것이라면, 보안처분은 그 범죄자가 또다시 범죄를 저지르는 것을 예방하기 위해 불이익을 가하는 것이다. '보호관찰 등에 관한 법률'에서 규정하고 있는 보호관찰, 사회봉사, 수강, 갱생보호 등이 대표적인 예다.

앞의 사건에서 피고인은 피해자를 살해해서 피해자와 피해자의 유족에게 손해를 끼치는 행위를 했다. 이때 피해자의 유족은 민법 제750조에 근거해, 피고인에게 피해자의 생명 침해로 인한 손해와 피해자가 죽은 슬픔으로 인한 정신적 손해를 피고인에게 배상해달라고 청구할 수 있다.

민법 제750조(불법행위의 내용)
고의 또는 과실로 인한 위법행위로 타인에게 손해를 가한 자는 그 손해를 배상할 책임이 있다.

민법상 불법행위에 의한 손해배상은 민사 제재로, 손해배상은 여러 제재 방법 중 가장 약한 제재라고 할 수 있다.

법은 어떤 기능을 하는가

 법은 사람의 자유와 권리를 보장하기 위해 만들어졌고, 이 목적을 달성하기 위해 사회와 국가를 만들었다. 그리고 국가는 사람의 자유와 권리를 보장하기 위해 질서를 유지하고 사람이 필요로 하는 재화와 서비스를 제공한다. 국가는 사람의 자유와 권리를 보장하기 위해 만들어진 것이므로 그것을 침해하지 않도록 감시하고 견제해야 한다. 이 점에 주목하면 '법은 사람의 권리를 보장하기 위한 기능'을 수행하고, '공동체를 만들고', '질서를 유지하는 기능'을 수행한다.

 현대 입헌민주국가는 법에 따라 국가를 구성하고 운영하므로 시민의 권리와 의무를 법으로 규정하고 선언한다. 그리고 시민은 이 법에서 금지하지 않는 모든 행위를 할 수 있고 그 행위에 책임지면 된다는 사적 자치를 믿고 행동한다. 따라서 법은 그가 어떤 행위를 하기 전에 어떻게 행동해야 하는지 알려주는 '행위규범'으로 기능하며, 그가 위법한 행위를 한 후에는 '평가규범'으로 기능한다. 이로써 시민은 '미래에 대한 예측 가능성'을 가질 수 있다.

전통적으로 법은 사회규범이므로 "사람을 살해한 자는 사형, 무기 또는 5년 이상의 징역에 처한다.", "고의 또는 과실로 인한 위법행위로 타인에게 손해를 가한 자는 그 손해를 배상할 책임이 있다."처럼 '좋음'과 '옳음'이라는 규범적 내용이 주된 것이었다. 그러나 국가가 다양한 기능도 수행해야 하는 현대에 와서 법은 가치 관련적 성격이 옅은 내용이 점차 많아지고 있다.

예를 들어 도로교통법에서 "보행자는 보도에서는 우측통행을 원칙으로 한다."(제8조 제4항), "차마의 운전자는 도로(보도와 차도가 구분된 도로에서는 차도를 말한다.)의 중앙(중앙선이 설치되어 있는 경우에는 그 중앙선을 말한다.) 우측 부분을 통행해야 한다."(제13조 제3항)라는 규정을 생각해보자. 여기서 보행자와 자동차가 우측통행을 해야 한다는 것이 좌측통행을 해야 한다는 것보다 좋으며 옳기 때문에 그렇게 규정한 것은 아니다. 이것은 영국, 일본이 같은 사항에서 자동차는 좌측통행을 해야 한다고 규정한 것을 상기하면 이해될 것이다.

상황이 이쯤 되자 이제 법을 '사회문제를 해결하는 기능'을 수행하는 수단이라는 정책적 관점이 일반화되고 있다. 이에 관해서는 11장에서 자세하게 다룰 것이다.

법의 형식과 체계

 우리나라에서 법의 형식은 '대한민국 헌법', '형법'과 '민법', '정보통신망 이용촉진 및 정보보호에 관한 법률' 등의 법률, '정보통신망 이용촉진 및 정보보호에 관한 법률 시행령' 등의 대통령령, '정보통신망 이용촉진 및 정보보호에 관한 법률 시행규칙' 등의 총리령과 부령, '정보보호 및 개인정보보호 관리체계 인증 등에 관한 고시' 또는 '정보보호조치에 관한 지침'과 같은 행정규칙 등이 있다.

 우리나라 헌법에서 법체계는 헌법, 법률, 총리령과 부령, 그리고 명령, 고시, 지침, 예규 등의 행정규칙 순서로 단계적 구조를 이루고 있다. 가장 상위에는 국민의 기본적인 합의인 헌법이 자리하고 있다. 그리고 헌법 제40조 "입법권은 국회에 속한다."라는 규정에 따라 법률을 제정할 수 있는 권한을 가진 국회가 만든 법형식인 법률이 그 하위에 있다. 그리고 헌법 제75조와 법률에서 위임받은 사항과 법률을 집행하기 위해 필요한 사항을 정하는 대통령령이, 헌법 제95조에 따라 법률이나 대통령령에서 위임받은 사항과 법률이나 대통령령을 집행하기 위해 필요한 사항을 정하는 총리령과 부령이 각각 그 하위에 있다. 그리고 헌법에 명시적 규정이 없지만 시민에게 직접적인 구속력이 없는 행정규칙은 헌법 제66조 제4항에 근거해 행정부에서 제정할 수 있으며, 총리령과 부령의 하위에 있다.

법단계설에 따르면 하위법은 상위법에 근거해야 한다. 또한 하위법은 상위법에 위배되어서는 안 된다. 따라서 하위법이 상위법에 위배되는 경우에는 이를 무효화시킬 수 있는 절차를 확보해야 한다. 법률이 헌법에 위반되었을 때 이를 무효로 만드는 위헌법률심판(헌법 제107조 제1항, 제111조 제1항), 명령, 규칙, 처분이 헌법이나 법률에 위반되었을 때 이를 무효로 만드는 위헌·위법의 명령·규칙·처분 심사(헌법 제107조 제2항)가 바로 그것이다.

헌법, 법률, 총리령과 부령, 명령, 고시, 지침, 예규 등의 행정규칙이라는 법형식이 규정해야 할 내용은 다음과 같다. 우선 헌법은 국민의 기본적인 합의이므로 국민사회에 적용되는 장기적이고 기본적인 사항을 담는다. 이에 대비되어 법률 이하의 형식은 그때그때 사회에서 발생하는 문제의 해결 방안을 담는다. 헌법과 비교해 단기적이고 세부적인 사항을 담는다는 의미다.

법률, 총리령, 부령과 명령, 고시, 지침, 예규와 같은 행정규칙 간 구체적인 기능 분담은 다음과 같다. 우선 법률은 국가를 구성하고 운영하는 데 본질적인 사항을 담는다. 국민의 권리와 의무에 관한 사항, 국가기관의 구성과 운영에 관한 기본적인 사항 등이 그것이다. 법률이 이런 사항을 규정해야 한다는 이론을 본질성 이론이라고 하며, 그것이 현재 우리 헌법학계의 일반적인 견해다. 그리고 총리령과 부령 등의 명령은 국가를 구성하고 운영하는 데 법률과 비교해 비본질적이고 더 구체적인 사항을 담는다.

고시, 지침, 예규 등의 행정규칙은 행정부가 전문적이고 기술적인 업무를 할 때 통일적이고 일관된 행정을 하기 위해 '행정조직 내부에서' 조직과 활동에 관한 사항을 담는 법의 형식이다. 따라서 행정규칙은 대내적 효력만 있고 대외적 효력이 없다. 즉 행정부에 소속한 기관과 내부에서 일하는 공무원에게만 법이고 그 외부에서 적용을 받는 시민에게는 법으로 효력을 발휘하지 않는다는 것이다. 그러므로 공무원이 행정규칙을 위반했다고 해서 위법은 아니다. 다만 행정부 내부의 법을 위반했으므로 징계가 문제 될 뿐이다. 행정규칙은 행정부가 시민과 위법성을 다투는 소송에서 재판규범이 될 수도 없다.

법학 또는 법 실무에서는 대외적 효력이 있는 법, 즉 시민에게 법으로 효력을 발휘하는 법을 '법규' 또는 '법령'이라고 한다. 반면에 대외적 효력이 없는 법, 즉 시민에게 법으로 효력을 발휘하지 않는 법을 '비법규'라고 한다.

이렇게 보았을 때 행정규칙은 행정부가 전문적이고 기술적인 업무를 할 때 통일적이고 일관된 행정을 하는 데 필요한 사항만 담아야 한다. 시민의 권리와 의무에 관한 사항을 담아서는 안 된다.

행정규칙은 과거보다 점점 늘어나는 추세다. 이것은 근대에는 국가는 소극적인 질서 유지를 하는 경찰국가였는데 현대에 들어와 이를 넘어 적극적인 급부 기능까지 담당하는 복지국가가 되면서 근대보다 행정부가 커진 것과 밀접하게 관련 있다.

  이처럼 우리 헌법의 요청, 즉 법형식이 담을 수 있는 내용을 당해 법형식에 담아야지 그 형식에 담을 수 없는 내용을 당해 법형식에 담는 경우 위헌의 문제가 제기된다. 여기서 법형식을 문제 삼는 것의 본질은 당해 내용을 누가 결정하는 것이 적절한지 판단하는 것이다. 즉 "과연 그 사항을 그 법형식으로 만드는 것이 적절한가?"의 본질은 "과연 그 사항을 그 법형식을 만들 수 있는 권한이 있는 자가 결정하는 것이 적절한가?"를 판단하는 것이다. 예를 들어 "행정수도를 서울에서 다른 곳으로 옮기는 내용은 법률에 담길 것이 아니라 헌법에 담아야 한다."라는 주장의 본질은 '행정수도를 서울에서 다른 곳으로 옮기는 것을 국민의 대표인 국회가 아니라 국민에게 직접 의사결정하도록 해야 한다.'라는 의미가 있다는 것이다.

조문을 알면 법이 보인다

　법률은 담고 있는 내용을 일정한 의미와 순서에 따라 나누고 이를 조, 항, 호, 목의 순서로 나열한다. '조'는 법률을 구성하는 가장 기본적인 단위다. 모든 법률은 자기가 담고 있는 내용을 '조'에서 순서대로 제시한다. 민법처럼 1천 개가 넘는 법률이 있는 반면에 단 몇 개의 조문만 있는 법률도 있다. '살인, 존속살해', '형의 종류'처럼 조 옆의 괄호 안에 묶어 표현된 것을 '조문 제목'이라고 한다. 조문 제목은 조문에 담긴 내용을 쉽게 알 수 있도록 지시하는 역할을 한다.

　조 아래에 ①, ②, ……가 있다. 이를 '항'이라고 읽는다. 항은 조의 내용이 두 개 이상일 때 이를 나누어 제시하는 역할을 한다. 예를 들어 형법 제250조는 존속살해죄와 이에 대비되는 일반적인 살인죄 두 가지 내용을 규정하고 있다. 이 두 가지 내용을 구별 없이 제시하면 법률을 보는 사람이 혼란스러울 것이다. 혼란을 막기 위해 입법자는 이를 제1항과 제2항 두 개로 나누어 제시한다. 따라서 조의 내용이 오직 한 개의 내용만 규정할 때는 항이 필요 없다. 이런 의미에서 '항'은 법률과 조의 필수 구성요소가 아니다.

그 아래에 나열된 1, 2, 3, …… 등은 '호'라고 읽는다. 호는 조나 항에서 어떤 사항을 열거할 때 보기 편하게 하려고 사용한다. '호' 아래에 가, 나, 다, ……로 나열된 것도 볼 수 있다. 다음 개인정보보호법 제2조를 보자.

개인정보보호법 제2조(정의)

이 법에서 사용하는 용어의 뜻은 다음과 같다. 〔개정 2014.3.24., 2020.2.4., 2023.3.14.〕

1. "개인정보"란 살아 있는 개인에 관한 정보로서 다음 각 목의 어느 하나에 해당하는 정보를 말한다.

가. 성명, 주민등록번호 및 영상 등을 통하여 개인을 알아볼 수 있는 정보.

나. 해당 정보만으로는 특정 개인을 알아볼 수 없더라도 다

른 정보와 쉽게 결합하여 알아볼 수 있는 정보. 이 경우 쉽게 결합할 수 있는지 여부는 다른 정보의 입수 가능성 등 개인을 알아보는 데 소요되는 시간, 비용, 기술 등을 합리적으로 고려해야 한다.

다. 가목 또는 나목을 제1호의2에 따라 가명처리함으로써 원래의 상태로 복원하기 위한 추가 정보의 사용·결합 없이는 특정 개인을 알아볼 수 없는 정보(이하 "가명정보"라 한다).

1의 2. "가명처리"란 개인정보의 일부를 삭제하거나 일부 또는 전부를 대체하는 등의 방법으로 추가 정보가 없이는 특정 개인을 알아볼 수 없도록 처리하는 것을 말한다.

가, 나, 다, …… 등의 '호' 아래에 나열된 것을 '목'이라고 읽는다. 목은 호에서 어떤 사항을 열거할 때 보기 편하게 하려고 사용한다. 개인정보보호법 제2조는 개인정보를 정의하고 있다. 그러면서 입법자는 개인정보에는 세 가지 유형이 있다는 것을 암묵적으로 전제하고 세 가지 유형의 공통점인 "살아 있는 개인에 관한 정보"는 본문에 제시하고 각 유형의 특징은 별도의 '목'을 만들어 제시하고 있다. 이렇게 목을 만들어 제시하면 그냥 나열하는 것보다 훨씬 눈에 잘 들어온다는 것을 알 수 있을 것이다. 목은 가, 나, 다 후에 마침표를 찍어서 표시한다.

이 정도를 알면 법률에서 조문을 찾아 자유롭게 읽을 수 있을 것이다.

── 근대의 법, 현대의 법

근대국가의 성립과
법의 출현

　모더니즘에 따르면 현대는 근대의 변용이다. 근대사회는 사회계약설에 따라 구성되고 운영되는 것으로 설명된다. 사회계약설은 '자유롭게 평등하게 태어난 개인'은 자연상태에서 삶을 영위하는데, 이 자연상태는 결핍이 존재한다고 상정한다. 그리고 이 결핍을 극복하려고 사회계약을 맺으며, 이로써 사회와 국가를 건설한다.

　홉스에 따르면 이 자연상태는 '만인에 대한 만인의 투쟁 상태'여서 사람들이 죽음에 대한 공포가 있으며, 결핍을 극복하려고 결합계약과 복종계약을 맺으며, 이를 통해 만든 사회와 국가가 리바이어던이다.

　홉스의 비판적 계승자인 존 로크의 '통치이론'에 따르면 사람은 이성적인 존재이고, 이성적인 사람들이 모여 사는 자연상태는 자유롭고 평등한 상태다. 자유롭고 평등한 자연상태에서 인간은 자연권, 즉 생명, 자유, 재산의 권리를 갖는다. 그러나 자연상태는 확립된 공적 조직이 없으므로 그런 권리를 보전한다는 것은 매우 불확실할 뿐만 아니라 끊임없이 타인에게 침해를 받을 위험 앞에 놓여 있는 불안한 상태다. 따라서 이성적 존재인 인간은 불안상태를 제거하기 위해 계약으로 국가를 구성할 필요성을 느낀다. 절대주의 국가는 자연상태보다 타락한 상태이며, 그 속의 인간은 군주와 노예의 관계다.

로크는 자연상태의 결핍을 극복하기 위해 개인의 동의에 바탕을 둔 원시계약을 맺어 사회를 형성하고 신임계약을 맺어 국가권력을 형성한다고 본다. 즉 인간이 자연상태에서 가지는 생명, 자유, 재산의 권리를 공동사회의 수중에 위임할 것을 동의함으로써 사회를 형성하고, 이런 사실에 근거해 일체의 싸움을 판정하고 침해된 권리를 구제해줄 수 있는 권위를 갖춘 심판자를 설정함으로써 자연상태로부터 국가상태로 들어간다는 것이다.

이때 원시계약은 자연상태에서보다 재산의 보전이 확실한

사회를 형성하면서 나아가 국가를 성립시킬 것에 동의한 사람들 사이의 계약을 의미하며, 계약 방법에는 명시적 동의와 묵시적 동의가 있다. 명시적 동의는 인간으로 하여금 생명을 보존하기 위해 자기가 속한 사회의 완전한 구성원이 되게 하는 것을 의미하고, 소속과 함께 권리와 의무가 따른다. 이에 반해 묵시적 동의는 덜 위협적인 것으로서 인간으로 하여금 그 국가 내에 존재하는 한 그 국가의 법에 복종하기로 하는 것이다.

로크는 신임계약을 특히 중요시했는데, 그에게 신임계약이란 사회계약을 토대로 국가권력을 형성하기 위한 계약으로, 구체적으로는 신임된 범위 내에서 공공선을 수행하기 위한 통치자를 선임하고 통치권을 위임하는 것을 말한다. 그의 신임계약은 홉스의 복종계약과 같이 자연권을 양도하는 것이 아니고, 그들 자신의 자연과 재산을 보다 잘 보전하려는 목적으로 신탁한 것으로 보고 있으며, 신탁된 국가권력이 자신들이 기초하고 있는 신임에 위반된다고 할 때는 언제든지 국민이 이를 배제하고 변경할 최고의 권력을 자신들의 손에 보유하고 있다는 점이 특징이다.

따라서 로크의 관점에서 신임계약은 개인의 자연권이 사회나 국가에 조건부로 양도된 것이라고 할 수 있고, 그 결과 개인의 권리가 완전히 포기된 것이 아니라 여전히 국민 각자가 가지고 있다.

결론적으로 로크의 사상을 주권론의 차원에서 살펴볼 때, 그의 이론이 거대한 계획에 따라 체계를 가지고 이루어진 것이 아니라 지극히 현실적인 관심에서 나온 만큼 명확하게 주권이란 용어는 사용하지 않았지만, 그의 동의사상과 신임사상은 당시 보편화되기 시작하던 국민주권사상의 바탕이라고 평가할 수 있다.

요약하면 로크는 이 자연상태를 비교적 만족스럽지만 개인의 재산이 잘 보장되지 않는 상태로 이해했다. 따라서 사람은 사회계약에 따라 자연상태를 극복하고 사회와 국가를 구성하는 상태로 나아간다. 사회계약은 사회를 구성하는 원시계약과 국가를 구성하고 이에 권한을 부여하는 위임계약으로 이루어진다. 이렇게 해서 근대 사회와 국가가 탄생한다.

자유롭고 평등하게 태어난 개인이 모인 '사회'는 사적 자치의 원리에 따라 운영되어야 한다. 반면에 사람의 재산, 생명, 안전을 보장하기 위해 만든 '국가'는 사람의 동의를 거쳐 정당화할 수 있고(민주주의), 그 목적에 따라 구성해서 운영되고 시민의 재산, 생명, 안전을 침해하지 않도록 법에 따라 구성되고 운영되어야 한다(법치주의).

헌법은 사회계약을 성문화한 문서다. 따라서 그 당사자는 자유롭고 평등하게 태어나 사회계약에 참여한 개인과 그 개인의 생명, 재산, 안전을 보장하기 위해 만든 국가다. 그리고 헌법은 개인의 생명, 재산, 안전과 같은 이익을 보호하는 수단으로 고안된 권리가 무엇인지(기본권론), 이 권리를 보호하기 위해 국가가 어떻게 구성되고 운영되어야 하는지(국가기관의 구성·운영론 또는 통치구조론), 헌법은 어떤 원리를 채택하고 있고 어떻게 제정되거나 개정되는지(헌법총론) 등을 주요 내용으로 한다.

그리고 국가는 헌법에서 시민에게 부여한 재산권, 생명권, 안전권 등의 기본권을 효과적으로 보장하기 위해 형법을 제정해서 시민의 재산, 생명, 안전 등을 침해하는 행위를 처벌한다. 또한 민법을 제정해서 시민의 재산, 생명, 안전 등을 침해하는 행위가 발생하면 손해배상을 한다. 근대법이 탄생한 것이다. 여기서 자유롭고 평등하게 태어난 개인과 개인 간에 발생하는 분쟁을 해결하기 위해 만든 민법과 같은 법을 사법(私法)이라고 하며, 국가를 구성하고 운영하기 위한 법, 국가와 개인 간에 발생하는 문제를 해결하기 위해 만든 헌법, 형법과 같은 법을 공법이라고 한다.

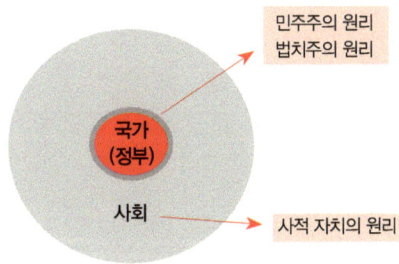

근대의 국가 | 사회의 구별과 각 영역에 적용되는 원리

현대국가로 이행과 법의 발전

 역사가 진전되면서 근대의 '사회' 영역에서 각종 사회문제가 발생했다. 노동문제, 빈곤 및 질병, 불공정거래, 불충분한 소비자보호 등이 그것이다. 이런 사회 영역에서 발생하는 각종 사회문제를 해결하기 위해 국가가 나서야 한다는 복지국가 사상이 등장했다. 이제 국가는 근대에서 요청되던 소극적인 질서 유지 기능을 넘어 적극적인 급부 기능을 수행하기 위해 새로운 유형의 법이 등장한다. 사회 영역의 문제를 치유하기 위한 법인 사회법이 그것이다. 구체적으로 노동법, 사회보장법, 공정거래법, 소비자보호법 등이 이에 해당한다. 이 사회법은 사회 영역에 적용되는 법이므로 사적 자치의 원칙을 따르되, 여기서 발생하는 사회문제를 해결하려는 한도 내에서 국가가 나서기 위해 수정해서 적용된다.(사회법에 관해서는 12장에서 자세하게 다룰 것이다.)

이제 국가는 민주주의 원리와 법치주의 원리만이 아니라 복지국가 사상과 이의 헌법적 수용에 따라 인정된 복지국가 원리가 갈등과 대립을 극복하고 통합으로 나아가기 위한 현대국가의 전략이라고 이해할 수 있다. 이를 그림으로 표현하면 다음과 같다.

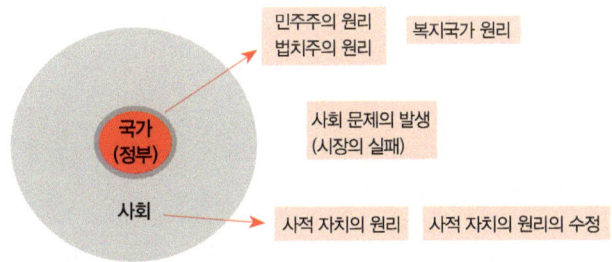

현대의 국가 | 사회의 구별과 각 영역에 적용되는 원리

── 사람, 이상과 현실 사이

사람은 자유롭고 평등하다

법이란 사람들이 더불어 살기 위해 정한 규칙이다. 따라서 필연적으로 법은 '사람'을 바라보는 관점을 전제하고 있다. 그런데 홉스와 로크만 비교해도 '사람'을 바라보는 관점은 매우 다르다. 홉스는 자연상태를 '만인에 대한 만인의 투쟁상태'로 표현한 바 있다. 이렇게 자연상태를 만인에 대한 만인의 투쟁 상태로 만드는 요인은 자연적 욕구로서 사람의 허영심이다. 악한 사람이 서로의 멸망을 막을 수 있는 것은 죽음에 대한 공포로 인한 개인의 자기보존 욕구다. 죽음에 대한 공포를 극복하고자 사회계약을 한다는 것이다. 이렇게 보았을 때 홉스는 사람을 이기적이고 이성적인 존재로 바라보고 있다.

한편, 로크의 자연상태는 자유롭고 평화롭다. 사람은 자유롭게 평등하며 이성적인 존재이기 때문이다. 자연상태는 확립된 공적 조직이 없어서 권리가 침해되었을 때 이를 보전하는 것이 불확실한 문제가 있는데, 이를 극복하기 위해 사회계약을 한다는 것이다. 이렇게 보았을 때 로크는 사람은 선하고 이성적인 존재로 바라본다.

그럼에도 사회계약설은 공리를 가지고 있다. 사람은 자유롭고 평등한 존재이고, 자연상태는 결핍이 존재하며, 사람은 결핍을 극복하기 위해 사회계약을 한다는 것이다. 이런 의미에서 사회계약설을 주장하는 이들은 사람이 자유롭고 평등하며 이성적인 존재라고 인정한다는 공통점을 가지고 있다.

근대사회에서 법이 전제로 하는 '사람' 중 첫 번째는 '자유롭고 평등한 사람'이다. 사람은 자유롭고 평등한 존재다. 중세 봉건사회에서 사람은 하느님이 창조한 피조물로서 인식되고 신의 부름에 따라 정해진 신분에 따라 지위가 결정되었다. 그러나 근대 자본주의 사회에서 사람은 부모가 낳아준 생명체로서 누구나 태어날 때부터 하늘에서 준 권리가 있다는 자연권 사상이 광범위하게 지지되었다. 따라서 사람은 성별, 인종, 국적, 부모의 신분 등과 상관없이 자유롭고 평등하다.

더불어 사는 자기결정권을 가진 인격체

 '자유롭고 평등한 사람'과 함께 '공동체에서 더불어 사는 자기결정권을 가진 인격체'도 근대사회에서 법의 전제조건이다.

 사람은 다른 사람과 단절되어 혼자 살아가는 고립되거나 공동체의 부속품으로 존재하는 인간도 아니다. 우리 헌법학계에서는 이를 헌법이 상정하는 인간상 또는 헌법적 인간상이라고 하며, "공동체 안에서 다른 사람과 더불어 사는, 자기결정권을 가진 인격체"라고 서술한다. 우리 헌법재판소도 헌법학계의 견해를 받아들여 운전 중 좌석안전띠를 착용할 의무를 지우고 이를 위반한 경우 범칙금을 부과하는 도로교통법 규정에 대한 헌법소원심판에서 이렇게 판시하고 있다.

좌석안전띠 착용의 효과에 비추어볼 때, 좌석안전띠를 착용하지 않는 행위가 행위자 자신의 이익에만 관련된 것인지 다른 사람과 사회공동체 전체의 이익과도 관련된 것인지가 문제 된다.

우리 헌법 질서가 예정하는 인간상은 "자신이 스스로 선택한 인생관·사회관을 바탕으로 사회공동체 안에서 각자의 생활을 자신의 책임 아래 스스로 결정하고 형성하는 성숙한 민주시민"〔헌재 1998.5.28. 96헌가5, 판례집 10-1, 541, 555; 헌재 2000.4.27. 98헌가16 등, 판례집 12-1, 427, 461〕인바, 이는 사회와 고립된 주관적 개인이나 공동체의 단순한 구성분자가 아니라, 공동체에 관련되고 공동체에 구속되어 있기는 하지만 그로 인하여 자신의 고유 가치를 훼손당하지 아니하고 개인과 공동체의 상호 연관 속에서 균형을 잡고 있는 인격체라 할 것이다.

헌법 질서가 예정하고 있는 이런 인간상에 비추어볼 때, 인간으로서의 고유 가치가 침해되지 않는 한 입법자는 사회적 공동생활의 보존과 육성을 위하여 주어진 상황에서 일반적으로 기대할 수 있는 범위 내에서 개인의 일반적 행동자유권을 제한할 수 있는바, 운전자가 좌석안전띠를 착용해야 하는 의무는 이런 범위 내에 있다 할 것이다.

헌법 제34조 제6항은 "국가는 재해를 예방하고 그 위험으로부터 국민을 보호하기 위하여 노력해야 한다."라고 규정하고 있다. 국민의 일상생활에 필수적인 것이 된 복잡한 교통 상황과 교통사고의 현황에 비추어볼 때, 국민의 보호를 위하여 국가가 좌석안전띠 착용을 의무화하여 교통사고로 인한 국민의 생명 또는 신체에 대한 위험과 장애를 방지·제거하고 사회적 부담을 줄일 필요성이 있으며, 또한 이런 국가의 개입은 운전자로서도 예측 가능하다.

일반교통에 사용되고 있는 도로는 국가와 지방자치단체가 그 관리 책임을 맡고 있는 영역으로 다른 운전자 및 보행자 등의 이익 및 공동체의 이익과 관련된 영역이므로, 도로에서 좌석안전띠를 매지 않고 운전할 자유는 다른 영역에서 이루어지는 위험한 스포츠를 즐기는 행위 등과 똑같게 평가될 수 없다.

좌석안전띠를 매지 않는 행위는 그로 인하여 받을 위험이나 불이익을 운전자 스스로 회피하지 못하고 매우 큰 사회적 부담을 발생시키는 점, 좌석안전띠를 매지 않고 운전하는 행위에 익숙해진다고 하여 위험이 감소하지도 않는다는 점, 동승자의 피해를 증가시키는 점 등에 비추어볼 때, 운전자 자신뿐만이 아니라 사회공동체 전체의 이익에 해를 끼치고 있으므로 국가의 개입이 정당화된다.

이 사건 심판대상 조항들로 인하여 청구인은 운전 중 좌석안전띠를 착용할 의무를 지게 되는바, 이는 운전자의 약간의 답답함이라는 경미한 부담이고 좌석안전띠 미착용으로 청구인이 부담하는 범칙금이 소액인 데 비하여, 좌석안전띠 착용으로 인하여 달성하려는 공익인 동승자를 비롯한 국민의 생명과 신체의 보호는 재산적인 가치로 환산할 수 없는 것일 뿐만 아니라 교통사고로 인한 사회적인 비용을 줄여 사회공동체의 이익을 증진하기 위한 것이므로, 달성하고자 하는 공익이 침해되는 청구인의 좌석안전띠를 매지 않을 자유의 제한이라는 사익보다 크다고 할 것이어서 법익의 균형성도 갖추었다고 하겠다. 〔헌재 2003.10.30. 2002헌마518〕

결국 우리 헌법학계와 헌법재판소는 '개인으로서 자유로운 사람'과 '공동체 구성원으로서 기속을 받는 사람'이라는 측면을 모두 가진 한 사람을 상정하고 있다는 점을 알 수 있다.

이 판결에서 헌법재판소는 안전벨트 착용 의무와 이를 착용하지 않았을 때 범칙금 부과가 청구인의 기본권을 침해하지 않는다고 판시했다. 그 이유는 안전벨트 착용이 위험한 스포츠를 자유롭게 즐길 수 있는 개인의 이익(사익)에만 관련되는 것이 아니라 사고가 났을 때 보험금을 지급해서 사회적 부담을 증가시키고 동승자의 피해를 증가시키는 점 등에 비추어 사회공동체 전체의 이익(공익)과 관련되기 때문이다. 즉 그것이 자신의 생명이나 신체를 해하는 결과에만 그친다면 '개인으로서 자유로운 사람'의 선택의 영역에 속하는 것이므로 이를 강제하고 제재하는 것은 기본권을 침해하는 것일 수 있지만, 이것은 사고가 났을 때 보험금을 지급해서 사회적 부담을 증가시키고 동승자의 피해를 증가시키는 공익과 관련된 것이므로 '공동체 구성원으로서 기속을 받는 사람'으로서 선택의 문제이므로 강제와 제재는 정당하다는 것이다.

이성적이고 합리적인 사람

　전통적으로 사람은 자유롭고 평등한 존재이므로 자유로운 정신적 활동을 해서 자기를 발전시키고 합리적 의사결정을 하는 존재라고 생각했다. 이런 이유로 자기가 자유롭게 결정할 수 있는데, 법 안에서 행위하는 것을 선택하지 않고 법 밖에서 행위하는 것을 선택한 자에게는 그런 결정을 비난할 수 있다고 생각했다. 이 생각이 반영된 법원칙이 '자기책임의 원칙'이다. 이를 달리 이야기하면 위법한 행위를 한 것이 자기가 자유롭게 결정할 수 없는 상황에서 선택한 것이라면 그런 결정을 비난할 수 없다. 이런 생각이 반영된 것이 형법 제12조 강요된 행위다.

형법 제12조(강요된 행위)

저항할 수 없는 폭력이나 자기 또는 친족의 생명 신체에 대한 위해를 방어할 방법이 없는 협박에 의하여 강요된 행위는 벌하지 아니한다.

우리 대법원도 일찍이 '납북 어부 사건'에서 강요된 행위의 의미를 적절히 판시한 바 있다.

피고인들에 대한 본건 공소사실 중 피고인들이 북한 괴뢰집단의 활동을 찬양하고 대한민국의 기밀을 누설하여 반국가단체인 북괴를 이롭게 했다는 점(반공법 제4조 제1항 해당의 점)과 피고인들이 북한 괴뢰집단으로부터 금품을 수수한 점(국가보안법 제5조 제2항 해당의 점)에 관하여 원심판결 이유에 의하면 원심은 피고인들이 공소장에 기재되어 있는 일시 장소에서 북한 괴뢰집단에 납치된 후에 동 집단의 지배 지역 안에서 그들의 활동을 찬양하고 그들에게 대한민국의 기밀에 속하는 여러 가지 정보를 제공함으로써 반국가단체를 이롭게 한 사실과 그들로부터 금품을 수수한 사실 및 피고인들은 북괴에 납치되기 이전에 납치되면 그런 행위들을 하지 않으면 안 될 것이라고 미리 예견했음을 각 인정할 수 있다고 판시하고 그러나 피고인들이 어로저지선 부근에서 어군을 따라 어로 작업을 하다가 북괴가 지배하는 해역으로 들어가게 되었으며 어로 작업에만 열중하고 있다가 그들이 알지 못하는 사이에 북괴 구성원들에게 발각되어 힘이 모자라 강제로 끌려가게 되었던 피고인들의 이 사건 납북 경위에 비추어 볼 때 위와 같이 어로 작업을 하다가 북괴의 구성원이 출현하면 도주할 의사이었을 뿐이고 그들에게 납치되어 가도 좋다고 생각하면서 어로 작업을 한 것은 아니라고 피고인들이 변소하고 있는 외에 달리 피고인들이 납치되어 가도 좋다고 생각하면서 어로저지선을 넘어 본건 어로 작업을 한 것이었다고 인정할 자료가 없다고 하여 피고인들의 본건 납북된 후의 행위는 피고인들의 생명 신체에 대한 위해를 방어할 방법이 없는 협박에 의한 강요된 행위로서 피고인이 어떤 사람도 위와 같은 입장에 놓여 있을 때는 그와 다른 행동을 취할 수 있을 것이라고는 기대할 수 없다고 봄이 상당하다 …… [대법원 1970.2.24. 선고 69도2384 판결]

대법원은 납북 어부 사건에서 납북된 어부가 북한 괴뢰집단의 활동을 찬양하고 대한민국의 기밀을 누설해서 반국가단체인 북괴를 이롭게 했다고 해도 그것은 피고인들의 생명과 신체에 대한 위해를 방어할 방법이 없는 협박에 의한 강요된 행위로서 피고인의 어떤 사람도 이와 같은 입장에 놓여 있을 때는 그와 다른 행동을 취하리라 기대할 수 없다고 판단한 것이다. 이런 판단의 전제는 위법한 행위를 한 것이 자기가 자유롭게 결정할 수 없는 상황에서 선택한 것이라면 그런 결정을 비난할 수 없다는 것이다.

그러나 자연과학이 발달하면서 사람은 자기의 타고난 소질과 주변의 환경에 영향을 받아 조건반사적으로 행동할 뿐 전통적인 견해가 주장하듯 자유의사를 전제로 한 선택의 자유는 없다는 주장이 제기되었다. 이때 법은 즉각 반응하지 않고 양 견해의 오랜 논쟁을 기다렸다. 그리고 논쟁 결과와 비자유의사론의 주장을 반영해 전통적인 형법의 제재인 형벌과 별도로 보안처분이라는 제도를 도입했다.

이런 생각은 사법에서도 마찬가지였다. 대표적인 사법인 민법에서는 전통적으로 사람은 자유롭고 평등한 존재이므로 자유로운 정신적 활동을 해서 자기를 발전시키고 합리적 의사결정을 하는 존재라고 생각했다. 이런 이유로 사람은 자기

의사에 따라 법률관계를 형성해간다. 이런 생각이 반영된 법원칙이 '사적 자치의 원칙', 특히 '계약자유의 원칙'이다. 따라서 "계약은 지켜져야 한다."라는 원칙은 그 계약을 당사자가 자유의사에 따라 맺었다는 것에 근거해야 한다고 생각했다.

이를 토대로 당사자가 계약을 위해 청약이나 승낙이라는 의사표시를 했더라도 그런 의사표시를 위한 의사를 형성하는 데 "타인의 사기나 강박에 의"한 것이라는 흠이 있다면 그 의사표시에는 구속될 필요가 없다. 우리 민법도 이를 제110조에서 명시적으로 규정하고 있다.

제110조(사기, 강박에 의한 의사표시)
① 사기나 강박에 의한 의사표시는 취소할 수 있다.

현실에서 볼 수 있는 보통 사람

 이상과 이를 구현하기 위한 전제에도 불구하고 우리가 세상에서 접하는 사람은 실제로 타고난 지능, 체력 등의 능력에 따라 큰 차이를 보인다. 그리고 성장 과정에 있는 어린이는 어른에 비해 아직 미숙하기도 하다. 성장 후에도 사회적 지위, 그에 따른 분배 등 특정 국면에서 사람은 차이를 보인다. 임금과 근로 조건을 교섭할 때 개별 노동자가 사용자에 비해 열등한 위치에 놓여 있을 수밖에 없으며, 이는 사회 구조적 이유에서다. 법은 우리 주변에서 볼 수 있는 현실적이고 구체적인 사람의 처지를 관철하고 이에 주목해 그에 적합한 규율을 한다.

 우선 성장 과정에 있는 어린이는 아직 정신적 능력이 덜 발달했다고 생각해 일정 나이까지는 형사책임과 민사책임을 지우지 않는다.

형법 제9조(형사미성년자)
14세 되지 아니한 자의 행위는 벌하지 아니한다.

민법 제753조(미성년자의 책임능력)
미성년자가 타인에게 손해를 가한 경우에 그 행위의 책임을 변식할 지능이 없는 때에는 배상의 책임이 없다.

또한 어린이를 포함한 청소년을 보호하려는 목적으로 여러 제도를 마련하고 시행하기 위해 다양한 법을 만들었다. 청소년보호법, 아동·청소년의 성보호에 관한 법률 등이 대표적인 예다.

청소년보호법 제1조(목적)
이 법은 청소년에게 유해한 매체물과 약물 등이 청소년에게 유통되는 것과 청소년이 유해한 업소에 출입하는 것 등을 규제하고 청소년을 유해한 환경으로부터 보호·구제함으로써 청소년이 건전한 인격체로 성장할 수 있도록 함을 목적으로 한다.

아동·청소년의 성보호에 관한 법률 제1조(목적)
이 법은 아동·청소년대상 성범죄의 처벌과 절차에 관한 특례를 규정하고 피해아동·청소년을 위한 구제 및 지원 절차를 마련하며 아동·청소년대상 성범죄자를 체계적으로 관리함으로써 아동·청소년을 성범죄로부터 보호하고 아동·청소년이 건강한 사회구성원으로 성장할 수 있도록 함을 목적으로 한다.

사람은 성인이 된 후에도 사회적 지위, 그에 따른 분배 등 특정 국면에서 차이를 보인다. 사용자에 대비되는 노동자, 기업에 대비되는 소비자, 생활이 넉넉한 사람에 대비되는 생활이 어려운 사람 등 다양한 국면이 있을 수 있다. 이들은 헌법에서 형식적으로 자유롭고 평등하다고 선언함으로써 형식적 자유와 평등을 부여받았지만 여러 이유로 특정 국면에서 자유롭지 못하거나 평등하지 못한 지위에 놓인 사람들이다. 법은 이들이 실질적으로 자유롭고 평등한 상태에서 살 수 있도록 지원하는 다양한 제도와 정책을 규율하고 있다. 노동법, 소비자보호법, 사회보장법에서 규정하고 있는 최저임금제도, 최저근로조건 보장, 청약철회권, 리콜제도, 기초생활보장제도, 고용보험제도 등이 그런 예다.

법이 바라보는 사람

 근대법은 중세 봉건사회를 극복하고 근대를 열며 선언했던 것처럼 모든 사람은 자유롭고 평등하며, 공동체 안에서 다른 사람과 더불어 사는 자기결정권을 가졌으며, 그렇기 때문에 합리적 의사결정을 하는 존재라고 전제하고 다양한 제도를 설계했다.

 그러나 다른 한편으로는 근대법에서 전제하고 있는 '추상적인 사람' 뿐 아니라 현재 대한민국을 살고 있는 다양한 '인간 군상'을 그대로 인정하기도 한다. 사람들 중에는 법을 잘 준수하는 사람도 있지만, 법을 잘 준수하지 않아 범죄를 저지르는 사람도 있다. 착한 사람도 있고, 착하지 않아 슬쩍슬쩍 교통법규를 위반하는 사람도 있다. 잘 사는 사람도 있지만,

잘 살지 못해 오늘 저녁 끼니를 어떻게 해결할까 걱정하고 아픈 곳을 치료하지 못해 전전긍긍하는 사람도 있다. 직장이 탄탄해 월급이 충분하고 해고 걱정이 없는 사람이 있지만, 직장이 변변하지 못해 월급이 밀리고 언제 해고될지 몰라 조바심을 가진 사람도 있다.

  법은 이렇게 다양한 처지에 놓인 사람의 구체적인 사정에 주목한다. 이런 구체적인 사정에 특히 주목하는 것이 '사회법'이다. 사회법은 '다양한 처지에 놓인 사람의 구체적인 사정'을 '유형화'해서 이를 해결하기 위한 정책을 마련하고 법으로 규율한다. 이 유형화 과정에서 구체적인 사람은 다시 추상화된다. 그러나 추상화가 근대법이 전제한 '추상적인 사람'과 같은 것은 결코 아니다. 추상화는 개별적인 사람을 대상으로 법을 만드는 것이 아니라 '같은 구체적인 사정이 있는 사람'을 대상으로 법을 만들어야 하는 법의 본질에 기인한 것일 뿐이다.

법률관계의 권리와 의무

법률관계와 호의관계

 사람의 행위를 규율하는 사회규범은 도덕, 윤리, 종교 규범, 관습, 그리고 법 등 다양하다. 그런데 그중 법이 세상을 규율하는 방법은 사람과 사람 간에 법률관계를 만들어주는 것이다. 이런 의미에서 법률관계는 법이 규율하는 인간관계, 즉 사람과 사람 간의 관계라고 정의할 수 있다. "정상윤은 서울시 ○○동에 있는 정상윤 소유 주택을 10억 원에 박빈수에게 매도한다.", "정상윤은 1억 원을 연 2%의 이자를 받고 1년간 김재일에게 대여한다.", "정상윤은 2024년 9월 1일부터 △△전자와 근로계약을 체결한다."와 같은 관계가 법률관계의 예다.

 반면에 법이 규율하지 않는 인간관계를 흔히 '호의관계'라고 한다. "정상윤은 생일을 맞아 친구 박태수를 생일파티에 초대한다.", "정상윤은 차로 친구 최대환을 집까지 데려다준다."라는 약속이 그 예다. 만약 정상윤이 친구 박태수가 생일파티에 오지 않는 경우 그 때문에 발생한 손해에 따른 배상을 청구할 수 있을까? 그리고 정상윤이 친구 최대환을 집에 데려다주지 않은 경우 데려다주지 않아 발생한 손해에 따른 배상을 청구할 수 있을까? 그렇게 할 수는 없다. 왜냐하면 위의 경우 급부자에게 법적 의무가 없는데 호의로 그렇게 하기로 한 것에 불과하기 때문이다.

"정상윤은 서울시 ○○동에 있는 정상윤 소유 주택을 10억 원에 박민수에게 매도한다."라는 계약에서 박민수가 10억 원을 제공하지 않거나 정상윤이 소유 주택을 넘겨주지 않으면, 즉 법적으로 '인도'하지 않으면 그것은 채무불이행이 되어 정상윤이 청구하면 10억 원을 제공하거나 박민수가 청구하면 정상윤은 강제로 주택을 인도하거나 손해배상을 해야 한다. 계약으로 당사자에게 각각 권리와 의무가 존재하기 때문이다.

법률관계는 법이 규율하는 인간관계이고, 이것은 권리와 의무를 나누어 갖는 것으로 구체화된다. 만약 법률관계에서 다툼이 발생하면 그것은 법을 적용해서 해결한다. 반면에 호의관계는 법으로 규율하지 않는 인간관계다. 만약 호의관계에서 다툼이 생겨도 그것은 법으로 해결할 수 없고 다른 수단으로 해결한다.

그런데 법률관계에서 말하는 법률은 법단계설의 '헌법-법률-명령'에 해당하는 좁은 의미의 법률이 아니라 헌법, 법률, 명령을 모두 포괄하는 넓은 의미의 법이다. 따라서 일반적으로 법률관계라고 부르는 개념은 '법관계'라고 표현하는 것이 더 정확한 표현이다. 그러나 일상생활에서 법 전문가를 말할 때 '법가'라고 하지 않고 '법률가'라는 표현을 사용하는 것처럼 법률관계라는 용어를 일반적으로 사용한다.

양자를 구별하는
기준

 다툼을 해결하기 위해 많은 사건을 다루다 보면 이것이 법률관계인지 호의관계인지 구별하기 어려운 경우가 있다. 즉 다툼을 법을 적용해서 해결해야 할 법률관계로 볼지 법을 적용하지 않고 다른 수단으로 해결해야 할 호의관계인지 불분명한 경우가 있다. 법학계와 법실무에서 양자를 구별하는 기준은 '당사자의 의사'다. 당사자가 당해 사건을 법적으로 해결할 생각이 있었는지 없었는지가 결정적인 구별 기준이다.

 따라서 당사자의 의사가 당해 사건을 법적으로 해결할 생각이 있었다면 이것은 법률관계가 될 것이고, 여기서 발생하는 다툼은 법을 적용해서 해결하면 된다. 그러나 당사자가 당해 사건을 법적으로 해결할 생각이 아니었다면 이것은 호의

관계가 될 것이고, 여기서 발생하는 다툼은 법을 적용해 해결해서는 안 된다.

우리 대법원도 이와 비슷한 판단을 한 바 있다. 먼저 사건을 살펴보자.

피고 갑 회사의 대표이사로 있는 소외 1 을과 소외 2 병이 갑 회사에 대한 소유 및 경영권을 인수했는데, 그 과정에서 원고 정은 1987년 2월 20일경 ○○은행 전무실에서 전무의 중재 아래 을과 병 등이 참석한 자리에서 인수 후 대표이사로 취임할 예정이던 을에게 갑 회사의 전 사장인 원고 정을 약정일로부터 향후 6년 이상 명예회장으로 추대하고 모든 예우를 사장과 동일하게 한다는 내용 등이 기재된 약정서에 서명날인을 요구하자 을은 이를 거절했으나 전무가 을에게 서로 섭섭하지 않게 대우해주는 것이 좋지 않겠느냐고 설득해서 을이 위 약정서의 말미에 "최대 노력하겠습니다."라는 문구를 부기하고 서명날인을 했다.

그 후 을 등은 갑 회사를 원고 정 등으로부터 인수해 1987년 4월 4일 상호를 △△주식회사로 변경함과 동시에 을이 대표이사 사장으로 취임해 1989년 12월 31일까지 정에게 매월 보수로 금 2,000,000원을 지급했다.

여기서 "최대 노력하겠습니다."라는 문구는 갑 회사의 재정 사정이 몹시 악화되어 원고에 대한 예우가 사실상 불가능해지지 않는 한 이를 이행하겠다는 취지, 즉 사정 변경에 의한 계약 해지의 여지를 넓혀주는 정도의 것이라고 보는 것이 상당하고, 갑 회사가 원고에 대한 보수 지급을 중단한 1989년 12월 31일 무렵 원고에 대한 예우를 감내할 수 없을 정도로 피고 회사의 재정 사정이 악화되는 등 피고 갑 회사의 최대의 노력으로도 더 이상 이행하기 어려워지는 사정에 관한 아무런 주장, 입증이 없으므로 피고의 위 주장은 이유 없다고 배척했다.

법률행위의 해석이란 당사자가 그 표시행위에 부여한 객관적인 의미를 명백하게 확정하는 것으로서, 서면에 사용된 문구에 구애받을 것은 아니지만 어디까지나 당사자의 내심적 의사의 여하와 관계없이 그 서면의 기재 내용에 따라 당사자가 그 표시행위에 부여한 객관적 의미를 합리적으로 해석해야 하는 것이고, 당사자가 표시한 문언에 의해 그 객관적인 의미가 명확하게 드러나지 않는 경우에는 그 문언의 내용과 그 법률행위가 이루어진 동기 및 경위, 당사자가 그 법률행위에 의해 달성하려는 목적과 진정한 의사, 거래의 관행 등을 종합적으로 고려해서 사회정의와 형평의 이념에 맞도록 논리와 경험의 법칙, 그리고 사회 일반의 상식과 거래의 통념에 따라 합리적으로 해석해야 하는 것이다(대법원 1992.5.26. 선고 91다35571 판결; 1990.11.13. 선고 88다카15949 판결 등 참조).

어떤 의무를 부담하는 내용의 기재가 있는 문면에 "최대 노력하겠습니다."라고 기재되어 있는 경우, 특별한 사정이 없는 한 당사자가 이 문구를 기재한 객관적인 의미는 문장 그 자체로 볼 때 그런 의무를 법적으로는 부담할 수 없지만 사정이 허락하는 한 그 이행을 사실상 하겠다는 취지로 해석하는 것이 타당하다. 왜냐하면 그런 의무를 법률상 부담하겠다는 의사였다면 굳이 "최대 노력하겠습니다."라는 문구를 사용할 필요가 없는 것이므로, 이와 같은 문구를 삽입했다면 그 문구를 의미 없는 것으로 볼 수는 없으며, 따라서 당사자가 그런 표시행위로 나타내려고 한 객관적인 의사는 그 문구를 포함한 전체의 문언으로부터 해석함이 상당하기 때문이다.

그럼에도 원심은 피고에게 위 약정에 표시된 대로 이행할 의무가 있다고 보았으므로, 원심판결에는 법률행위의 해석을 그르친 위법이 있다. 〔대법원 1994.3.25. 선고 93다32668 판결〕

요약하면 대법원은 중재자가 계약 당사자 중 한 사람에게 서로 섭섭지 않게 대우해주는 것이 좋지 않겠느냐고 설득해서 을이 약정서의 말미에 "최대 노력하겠습니다."라는 문구를 부기하고 서명날인을 한 것은 호의관계에 의한 행위라고 판단한 것이다. 그리고 을의 의사를 이처럼 해석하는 근거는 "그 문언의 내용과 그 법률행위가 이루어진 동기 및 경위, 당사자가 그 법률행위로 달성하려는 목적과 진정한 의사, 거래의 관행 등을 종합적으로 고려해서 사회정의와 형평의 이념에 맞도록 논리와 경험의 법칙, 그리고 사회 일반의 상식과 거래의 통념에 따라 합리적으로 해석해야" 한다고 판단했다.

권리와
의무

  법이 세상을 규율하는 방법은 사람과 사람 간에 법률관계를 만들어 주는 것이다. 그런데 법률관계는 권리와 의무를 나누어주는 것으로 구체화된다.

  근대 법학에서는 개인에게 부여해야 할 이익을 이익 그 자체로 부여하는 것이 아니라, 이런 이익을 부여하기 위해 마땅히 그 이익을 누려야 할 자에게 '권리'를 부여하고, 그 이익을 보호할 법적 구속을 당할 자에게 권리에 대응하는 의무를 부여하는 형태로 권리와 의무 관계를 설정해서 개인이 누려야 할 이익을 누릴 수 있도록 하는 구조를 정립했다. 헌법에서는 생명, 재산, 안전 등을 보호하기 위해 이익 그 자체를 보호하는 것이 아니라, 이를 권리의 형태로 개인에게 부여하고, 이를 보호해야 하는 책임을 국가에 의무의 형태로 부여한다. 전자가 현대적 의미에서 기본권이고, 후자가 국가의 기본권 보호 의무다.

한편, 민법에서는 개인의 의사에 따른 계약에 근거해, 이익을 누려야 할 자에게는 권리를, 그 이익을 누릴 수 있도록 일정한 행위를 할 자에게 권리에 대응하는 의무를 부여하는 형태로 권리·의무관계를 설정해서 이익을 누릴 수 있도록 하는 구조를 정립했다.

따라서 근대 법학의 관점에서 보았을 때 개인과 개인의 관계, 개인과 국가의 관계는 권리와 의무로 촘촘하게 엮여 구조화된 관계다. 이 관계를 이해하기 위해 권리와 의무에 대한 이해가 반드시 필요하다.

권리란 자기가 가진 이익을 누리기 위해 법에서 인정한 힘이며, 의무란 자기의 의사와 무관하게 법으로 강요되는 구속이다. 법으로 규율되는 관계인 법률관계는 이 권리와 의무를 나누어주는 것으로 구체화된다. 예를 들어 민법에서 A 소유의 ○○주택을 B에게 매도하는 매매 계약에서 매수인 B는 매도인 A에게 ○○주택을 자신에게 넘겨달라는 목적물인도청구권을 가진다. 그리고 청구를 받은 매도인 A는 매매 계약 당시와 달리 나중에 자신의 팔려는 의사가 바뀌었어도 계약 당시 자신의 진정한 의사에 기한 매매 계약에 따라 ○○주택을 매수인 B에게 넘겨주어야 할 목적물인도의무를 가진다.

민법은 A와 B 간의 매매 계약에 따라 매수인 B에게는 목적물인도청구권을, 매도인 A에게는 목적물인도의무를 인정한다. 이를 '권리와 의무의 대응관계'라고 한다. 그리고 매수인 B의 목적물인도청구권은 매도인 A의 목적물인도의무의 충실한 이행으로 실현된다. 만약 매도인 A가 변심해서 목적물인도의무를 충실히 이행하지 않으면 매수인 B의 목적물인도청구권은 일단 실현되기 어려운 상태에 놓인다.

이처럼 권리는 의무를 가진 상대방의 충실한 의무 이행으로 실현된다. 이것이 권리의 실현 과정이다. 따라서 권리는 의무자의 충실한 의무 이행이라는 행위를 통해 비로소 실현된다.

공법에서도 법률관계는 권리와 의무를 나누어주는 것으로 구체화된다. 예를 들어 헌법에서는 개인의 생명, 재산, 안전을 보호하기 위해 이익 그 자체가 아니라, 이를 생명권, 재산권, 안전권이라는 권리의 형태로 개인에게 부여하고, 이를 보호해야 하는 책임을 의무의 형태로 국가에 부여한다. 전자가 헌법에서 보장하는 권리인 기본권이고, 후자가 국가에 부여된 기본권 보호 의무다. 따라서 생명권을 가진 시민 A는 국가가 고문에 의한 살인을 하려는 경우 국가에 자신의 생명권을 존중해달라고 요구할 수 있는 기본권이 있다. 또한 국가가 아닌 시민 B가 자신을 죽이려 할 경우에도 국가에 자신의 생명권을 보호해달라고 요구할 수 있는 기본권이 있다.

이때 시민 A가 국가가 아닌 시민 B에게 헌법의 생명권에 근거해 자기 생명권을 보호해달라고 직접 요구할 수 있는지(이를 헌법 이론에서는 '기본권의 대사인적 효력'이라고 한다)는 견해가 나뉜다. 기본권은 연혁적으로 국가에 대한 권리이지 다른 시민에 무엇을 요구할 수 있는 권리가 아니라는 이유로 보호요구권을 시민 B에게 직접 요구할 수는 없다는 부정설이 있다. 반면에 현대에 와서는 대기업, 시민단체, 노동조합 등의 '힘 있는 단체'에서 발언권 있는 개인도 다른 시민의 기본권을 침해하는 주체가 되는 일이 많이 발생하므로 이에 대처하기 위해 기본권을 국가가 아닌 시민 B와 같은 다른 시민에게도 주장할 수 있어야 한다는 긍정설이 대립한다.

한편, 시민 A는 생명권을 국가에 보호해달라고 요구할 수 있는 권리와 별개로, 국가가 그와 같은 작용을 할 수 있도록 납세 의무, 국방 의무를 다해야 한다. 이처럼 헌법에서 시민에게 요구하는 납세 의무, 국방 의무 등을 헌법 이론에서는 기본권에 대응해 '기본 의무'라고 한다. 이 기본권과 기본 의무는 기본권의 주체인 시민의 입장에서 시민이 헌법에서 보장받는 권리, 이런 기본권을 보호하기 위한 의무의 주체로서 국가의 존립과 유지를 위한 전제로서 관계를 가진다.

그러나 국가는 시민 A가 기본 의무를 다하지 않더라도 시민 A의 기본권을 보장한다. 헌법 이론적으로 기본 의무는 시민이 기본권을 보유하기 때문에 그에 대응해 '권리-의무' 관계로 인정되는 것이 아니라, 국가의 존속과 유지를 위해 헌법에 따라 기본권과 별도로 부과되는 것이기 때문이다.

권리와 구별되는 권한

 권리와 구별해야 할 개념으로 '권한'이 있다. 권한이란 타인의 이익을 위해 행위할 수 있는 법적인 자격이다. 권리가 '자기가 가진 이익을 누리도록 하기 위해' 법이 특정한 사람 A에게 인정되는 것이라면, 권한은 '법이 권한을 주는 사람 A가 아닌 타인 B를 위해 A가 행위할 수 있도록 하기 위해' 법에서 인정한 자격이다. 예를 들어 국회가 가진 입법권, 대통령의 사면권 등의 공법상 권한, 법인의 대표권, 대리인의 대리권 등의 민법상 권한은 권한의 대표적인 예다.

헌법 제40조
입법권은 국회에 속한다.

헌법 제79조

① 대통령은 법률이 정하는 바에 의하여 사면·감형 또는 복권을 명할 수 있다.

② 일반사면을 명하려면 국회의 동의를 얻어야 한다.

③ 사면·감형 및 복권에 관한 사항은 법률로 정한다.

민법 제59조(이사의 대표권)

① 이사는 법인의 사무에 관하여 각자 법인을 대표한다. 그러나 정관에 규정한 취지에 위반할 수 없고 특히 사단법인은 총회의 의결에 의해야 한다.

② 법인의 대표에 관하여는 대리에 관한 규정을 준용한다.

민법 제114조(대리행위의 효력)

① 대리인이 그 권한 내에서 본인을 위한 것임을 표시한 의사표시는 직접 본인에게 대하여 효력이 생긴다.

② 전 항의 규정은 대리인에게 대한 제삼자의 의사표시에 준용한다.

우리 헌법재판소도 대통령에게 특별사면권을 부여한 것에

대한 헌법소원심판에서 다음과 같이 판단해서 대통령의 사면권이 권리가 아니라 권한이라는 점을 밝히고 있다.

> 청구인은 대통령의 특별사면권을 규정한 사면법 제9조(이하 '이 사건 법률조항'이라 한다.)가 대통령에게 국회의 동의도 없이 임의로 죄인을 사면할 수 있는 권한을 부여함으로써 결과적으로 일부 특권층만이 사면대상이 되고, 똑같이 범죄를 범하고도 사면을 받지 못한 청구인의 평등권을 침해한 것으로서 위헌임을 주장하며 이 사건 헌법소원심판을 청구했다. 〔헌재 2011.11.29. 2011헌마677〕

이는 권한은 법에서 이것을 인정한 이유가 권한을 가진 국회, 대통령, 대표자, 대리인이 이익을 누릴 수 있도록 하기 위해 그것을 인정한 것이 아니라, 각각 시민, 시민, 법인, 본인의 이익을 위해 그것을 인정한 것이다. 결국 이런 권한은 시민의 선거권처럼 같은 '권(權)'으로 끝났지만, 시민의 선거권에서 '권'은 권리(權利)의 줄임말인 반면에 대통령의 사면권 등에서 '권'은 권한(權限)의 줄임말이라는 것이다.

권리와 권한을 구별해야 하는 이유는 법이 그것을 인정한 취지가 다르고, 그것의 침해를 다툴 수 있는 방법이 다르기 때문이다. 즉 시민의 선거권과 같이 권리는 개념 정의상 시민 자신을 위해 이를 행사할 수 있도록 인정한 것이다. 따라서 법은 원칙적으로 시민이 선거권을 잘 행사할 수 있도록 도울 수 있도록 제도를 발전시켜 나간다. 그리고 그것이 침해되었을 때는 헌법소원, 행정소송 등 다양한 권리구제 수단으로 이를 구제한다.

반면에 대통령의 사면권은 개념 정의상 대통령 스스로가 아니라 시민, 나아가 공익을 위해 행사할 수 있도록 제도를 발전시켜 나간다. 따라서 자연스럽게 권한 행사를 지원하는 것뿐 아니라 권한이 남용되지 못하도록, 즉 권한을 가진 자가 자기를 위해 그 권한을 행사하지 못하도록 견제할 수 있도록 제도를 발전시켜 나간다. 사면법은 이런 노력의 산물이다. 그리고 권한이 침해되있을 내는 특별히 정한 구제 절차가 있지 않는 한 그것을 다툴 수 없다. 권리가 침해되었을 때 구제 수단은 권한이 침해되었을 때 구제 수단보다 훨씬 제한적이다.

우리나라에서는 대통령이 사면권을 행사할 때마다 그것이 적절한지 논란이 많다. 다음 신문 칼럼을 보자. 법무법인 민우의 김정범 변호사는 2013년 1월 24일자 《법률신문》의 〈대통령의 사면권, 개인의 권리가 아니다〉라는 글에서 이렇게 밝혔다.

우리 헌법 제79조에서는 삼권분립의 예외로 대통령에게 사면권을 부여하고 있다. 사면은 사법부가 아닌 국가기관이 선고된 형의 효력을 소멸시키거나 소추권을 소멸시키는 것으로 넓은 의미에서는 감형과 복권을 포함하는 개념이다. 사면권은 권력분립의 원칙에 반하는 극히 예외적인 것으로 사법권에 대한 제한을 가져오는 것이다. 사면권은 전제주의 시대의 유물로 평가받는 것이며 권력분립의 원칙이 일상화된 현대에 그대로 필요한 것인가에 대한 많은 논란이 가해지고 있다. 본래 사면권의 근거는 실정법 질서가 획일적 정의를 추구하는 것으로 여기에도 일정한 한계가 있기 때문에 구체적 정의 실현을 위해서 사법권이 남용되는 것에 제한을 가하기 위해 도입된 것이라 설명되고 있다.
(……)
그렇다면 대통령의 사면권 행사가 사면법에서 규정하고 있는 형식적인 요건과 절차에 따르기만 하면 아무런 제한 없이 행사될 수 있는 것인가? 우선 탄핵 결정을 받은 사람의 경우 징계사면(사면법 제4조)은 할 수 없다고 해석하는 것이 일반적이다. 미국 헌법의 경우에는 명시적 규정도 있다. 그러나 무엇보다도 사면권은 사법부의 재판권에 대한 예외를 두는 것이기 때문에 사법권을 무력화시키는 방향으로 행사되어서는 안 된다는 내재적 한계를 갖는다. (……) 사면권의 행사자가 자신과 가까운 사람들에게 면죄부를 주기 위한 방편으로 이루어지거나, 특정인이나 특정 계층만을 대상으로 이루어진다면 사면권 행사가 지나치게 남용이 되는 것이다.

이 칼럼이 주장하고자 하는 핵심은 "대통령의 사면권은 개인의 권리가 아니라 공적인 것이므로 측근을 위해 쓰는 것은 그것을 남용하는 것이다."로 짐작된다. 이를 위해 사면권의 취지, 입법례, 행사 절차와 방법, 한계 등을 매우 꼼꼼하게 논증하고 있다. 칼럼 제목을 '대통령의 사면권, 개인의 권리가 아니다'라고 뽑은 것을 보면, 대통령의 사면권이 권리가 아니라 권한이라는 점을 말하고 싶었으리라.

── 시민과 시민의 관계:
사적 자치

사회 영역의 대원칙은 사적 자치

국가와 사회라는 이원론의 관점에서 우리가 사는 공간을 보면, 자유롭고 평등하게 태어난 개인이 사는 '사회' 영역과 개인의 생명, 재산, 안전을 보호하기 위해 만든 '국가(또는 정부)'로 나눌 수 있다고 했다. 그리고 사회 영역은 '사적 자치의 원리'에 따라 운영된다. 그렇다면 사적 자치의 원리가 구체적으로 무엇인지 우리 법령과 판례로 살펴보자.

사적 자치의 원리란 자유롭고 평등하게 태어난 개인이 법에서 금지하지 않는 한 행위는 무엇이든 할 수 있다는 원리다. 이런 의미에서 사적 자치의 원리는 근대 개인주의에 바탕을 두고 있다. 개인주의는 공동체 또는 전체와 대비되는 한 사람 한 사람이 논리적으로 우선하며 중요하다고 생각한다.

로크의 사회계약설을 떠올려보라.

개인주의를 따르는 사람은 개인의 욕망을 표현하고 실현하는 것을 당연하게 생각하고, 타인에게 해를 주는 행위가 아닌 한 개인의 이익을 추구하는 행위를 공동체가 규제하는 것에 반대한다. 따라서 이것은 근대 자유주의와 서로 영향을 주고받으며 성장했다. 여기서 자연스럽게 자유롭고 평등한 개인의 인격을 가치 있게 생각해야 한다는 '인격주의 원칙'이 도출된다. 여기서 인격주의란 모든 개인이 세상에 태어날 때부터 봉건사회의 신분에 얽매이지 않고 자유롭게 평등한 인격체라고 생각하는 것이다.

이처럼 근대법은 개인주의와 자유주의에 입각한 인격주의 원칙을 그 바탕에 두고 사적 자치의 원리를 '사유재산권 절대의 원칙', '계약자유의 원칙', '과실책임의 원칙'이라는 세 가지 원칙으로 구체화했다. 이것은 민법의 영역에서 물권법, 계약법, 불법행위법을 지배하는 세부 원칙으로 자리 잡았다.

중세 봉건사회에 대비되는 근대사회에서 사람은 봉건사회의 신분에서 해방되었다. 이제 사람은 자유롭고 평등해졌으니 이를 통해 직업을 찾고 소득을 얻어야 한다. 그리고 이 소득으로 먹고사는 것을 해결해야 한다. 먹고사는 것을 해결하기 위해 필요한 것이 재화다.

사유재산권 절대의 원칙이란 이렇게 사람이 먹고사는 문제를 해결하기 위해 가지고 있는 재산을 사용하고 수익을 얻으며 처분할 수 있는 권리를 매우 강하게 보호해주어야 한다는 원칙이다. 이 원칙을 통해 자기의 재화는 그것의 보유자가 절대적으로 지배하고 타인은 국가와 타인은 이를 제한하거나 간섭하지 못한다. 재산권 가운데 가장 전형적이고 완전한 형태가 바로 소유권이다. 따라서 사유재산권 절대의 원칙은 흔히 소유권 절대의 원칙이라고 불리기도 한다.

근대사회에서 자유롭고 평등하게 태어난 개인은 자유의사에 따라 선택하면서 자기 삶을 개척하도록 예정했다. 어떤 직업을 가지고 소득을 얻을지, 풍요롭게 행복하게 살기 위해 누구에게 어떤 물건을 사고 서비스를 제공받을지 선택할 수 있다. 이 과정에서 그 계약 방식도 자유롭게 결정할 수 있다. 계약자유의 원칙이란 사람이 어떤 필요로 물건을 사고 서비스를 제공받기 위해 계약을 체결할지 말지, 계약을 체결한다면 누구와 체결할지, 나아가 어떤 방식으로 체결할지 자유롭게 결정할 수 있다는 원칙이다. 이 원칙을 통해 자기 삶에 필요한 재화와 서비스를 구할 수 있다.

한편, 근대사회에서 사람은 자유의지를 전제로 자기가 선택한 것으로 인한 이익뿐 아니라 잘못도 책임을 져야 한다. 그런데 그 책임은 어디까지나 자기에게 귀속시키기에 적절한 것이어야지 자기에게 귀속시키기에 적절하지 않은 것까지 귀속시킬 수는 없다. 그것은 '자유의지를 전제로 자기가 선택한 것에 대한 책임'이라고 말할 수 없기 때문이다.

과실책임의 원칙이란 자기의 행위 중 고의 또는 과실에 의한 행위만 책임지면 된다는 원칙이다. 이것은 타인의 행위를 그 사람에게 책임을 지우지 않는 것은 물론이고 그 사람의 행위이더라도 고의 또는 과실에 의한 행위가 아닌 것은 그 사람에게 책임을 지우지 않겠다는 것이다. 이런 의미에서 과실책임의 원칙을 '자기책임의 원칙'이라고도 한다. 이렇게 책임이 제한되면 개인은 더 자유롭게 투자하고 행위할 수 있을 것이다.

사적 자치의
수정

 근대를 기획한 사람들은 '사회' 영역은 사적 자치의 원리에 따라, '국가(또는 정부)' 영역은 민주주의 원리, 법치주의 원리에 따라 구성하고 운영하면 모두가 행복한 '좋은 공동체'가 되리라 생각했을 것이다. 적어도 중세 봉건사회보다는 말이다.

 실제로 그런 상상은 주효했다. 개인과 기업의 창의적인 생각은 계약자유의 원칙에 따라 재빠르게 구현될 수 있었고, 그런 결과 생산에 참여한 노동자와 자본가는 각자의 몫으로 자기가 필요로 하는 물건을 하고 서비스를 공급받았다. 그리고 그 과정 중에 산 생산재와 잉여로 산 소비재는 사유재산권 절대의 원칙에 따라 안전하게 보호받고 자유롭게 사용, 수익,

처분할 수 있었다. 그 배후에 자기가 고의 또는 과실로 인한 행위만 책임지면 되고 그 외의 행위는 책임질 필요가 없다는 과실책임의 원칙이 든든하게 자리하고 있었음은 물론이다.

그들이 생각하는 것처럼 사람들은 사적 자치에 따라 사회적·경제적으로 부지런히 활동했고, 이에 따라 각국의 경제는 매우 빠른 속도로 발전했으며, 그로써 행복한 삶을 살 수 있는 경제적·사회적 기반이 마련되었다.

그런데 근대사회는 밝은 면만 있는 것은 아니었다. 역사가 진전되면서 사회에서 각종 사회문제가 발생했다. 저임금, 실업, 소년 노동, 많은 사람의 가난과 감염병, 자본주의에서 자본의 집중으로 커진 회사의 독점, 불공정거래, 파는 것에만 집중하고 판 물건에 대한 사후 수선은 나 몰라라 하는 기업, 기업이 혁신적이지만 위험한 물건을 시장에 팔면서도 그런 정보를 소비자에게 알려주지 않아 위험은 모른 채 물건을 사서 쓰다 발생하는 사고 등 다양한 문제가 발생했다. 근대를 기획한 사람들의 사고에서 이런 문제는 시간이 지나면 시장에서 '보이지 않는 손'이 해결할 것으로 믿었다. 그러나 오랜 시간이 지나도 이런 문제는 시장에서 해결되지 않았다. 보이지 않는 손은 이 문제의 해결에 끝까지 보이지 않았다.

이에 따라 이들 사회문제를 해결하기 위해 국가가 나서야 한다는 복지국가 사상이 등장했다. 1601년 영국의 빈민구제법, 1834년 새로운 빈민구제법 등은 그와 같은 사상의 모태가 되었고, 이후 1880년대 독일의 사회보장제도 시행, "요람에서 무덤까지"라는 표현으로 유명한 영국의 1942년 베버리지 보고서의 작성과 그에 근거한 일련의 사회복지제도가 그런 사상에 영향을 받은 것이다. 복지국가를 하려면 '국가란 무엇인가?'라는 생각에 변화가 필요했다. 왜냐하면 근대를 기획할 당시에 국가는 사람의 생명, 안전, 재산을 보장하는 경찰국가 또는 야경국가를 지향했다. 그런데 이런 소극적 기능을 넘어 각종 사회문제를 해결하려면 국가가 적극적으로 나서야 하고 나설 수 있다는 합의가 필요하기 때문이다.

입헌민주국가에서 합의는 대체로 20세기 이후 이루어지고 헌법에서 명시적으로 나타난다. 1919년 독일 바이마르 헌법에서 시민에게 사회적 기본권을 부여한 것이 대표적인 예다. 이런 헌법의 영향을 받아 우리 헌법도 1948년 제헌 당시 헌법에서 이미 시민에게 사회적 기본권을 주었다. 이제 많은 현대 입헌민주국가에서는 명시적인 규정이 있든 없든 국가가 사회문제를 해결하기 위해 적극적인 기능을 수행해야 하며,

이로써 시민의 기본적인 삶을 보장해야 한다는 복지국가를 만들어야 한다는 공감대가 형성되었고 각국 헌정에서 시행되고 있다.

그런데 국가가 따라야 할 기본 원리는 복지국가 원리만이 아니다. 근대에서부터 확고하게 자리 잡은 민주주의 원리, 법치주의 원리가 있다. 법치주의 원리에 따르면 국가가 복지국가를 만들기 위해 적극적으로 작용하려면 새로운 법이 필요하다. 이에 따라 국가는 사적 자치를 인정하되 사회문제를 해결하기 위해 필요한 경우 이를 부분적으로 수정하는 내용의 법을 만들었다.

재산권, '절대'에서 '존중'으로

과거 절대적으로 존중받아야 한다고 생각했던 개인의 재산 사용, 수익, 처분권은 사회와 국가의 필요에 따라 제한될 수 있다는 생각이 점차 보편적으로 인정되었다.

헌법 제23조
① 모든 국민의 재산권은 보장된다. 그 내용과 한계는 법률로 정한다.
② 재산권의 행사는 공공복리에 적합하도록 해야 한다.
③ 공공 필요에 의한 재산권의 수용·사용 또는 제한 및 그에 대한 보상은 법률로써 하되, 정당한 보상을 지급해야 한다.

민법 제211조(소유권의 내용)
소유자는 법률의 범위 내에서 그 소유물을 사용, 수익, 처분할 권리가 있다.

민법 제212조(토지소유권의 범위)
토지의 소유권은 정당한 이익 있는 범위 내에서 토지의 상하에 미친다.

헌법 제23조는 그 위에 규정된 기본권 규정과 그 형식부터 다르다. 자유권적 기본권의 규정 형식은 "모든 국민은 학문과 예술의 자유를 가진다."와 같이 "모든 국민은 ○○ 자유를 가진다."라는 형식으로 규정되어 있다. 그런데 재산권은 "모든 국민의 재산권은 보장된다. 그 내용과 한계는 법률로 정한다."라고 규정하고 있다. 그것의 보장은 헌법에서 선언하되 그 구체적인 내용은 법률이 정할 수 있도록 해서 제한 가능성을 더 열어두고자 한 것이다. 또 그다음 항에서는 "재산권의 행사는 공공복리에 적합하도록 해야 한다."라는 구체적 제한을 명시해두고 있다. '재산권의 사회적 기속성'을 헌법에 명시한 것이다.

민법은 헌법을 구체화해서, 소유자는 '법률의 범위 내에서' 그 소유물을 사용, 수익, 처분할 권리가 있다고 규정하고 있다. 이것은 일제강점기에 의용하던 일본 민법이 소유권을 자유로 행사하는 권리라고 규정한 것과 뚜렷이 대비된다. 또한 토지의 소유권은 '정당한 이익 있는 범위 내에서' 토지의 상하에 미친다고 규정해서 '재산권의 사회적 기속성'을 토지 소유권에 적용해 구체적으로 표현하고 있다. 이를 기반으로 고속도로나 철도를 건설하기 위해 필요한 토지를 국가가 수용해 사용하는 법은 물론 도시 문제를 해결하기 위해 건물을 지을 때 지켜야 할 법을 만들 수 있게 되었다.

계약, 완전한 자유에서 일부 제한으로

과거 개인의 자유로운 의사에 따른 선택을 절대적으로 신뢰하고 이를 구현하기 위해 법은 조력하면 된다는 생각이 최저임금을 설정하거나 계약 당시에는 없었던 철회권을 법에서 정해 일방 당사자인 소비자에게만 인정하고 이를 위반한 계약은 효력이 없다는 강행 규정을 만들어 계약 자유를 제한했다. 그리고 자유로운 경쟁은 보호해야 할 사회질서라고 생각하고 이를 저해하는 행위는 금지하고 이를 위반한 경우 제재할 수 있다는 생각이 점차 보편적으로 인정되었다.

헌법 제32조

① 모든 국민은 근로의 권리를 가진다. 국가는 사회적 · 경

제적 방법으로 근로자의 고용의 증진과 적정임금의 보장에 노력해야 하며, 법률이 정하는 바에 의하여 최저임금제를 시행해야 한다.

민법 제103조(반사회질서의 법률행위)
선량한 풍속 기타 사회질서에 위반한 사항을 내용으로 하는 법률행위는 무효로 한다.

최저임금법 제8조(최저임금의 결정)
① 고용노동부장관은 매년 8월 5일까지 최저임금을 결정해야 한다.

최저임금법 제6조(최저임금의 효력)
① 사용자는 최저임금의 적용을 받는 근로자에게 최저임금액 이상의 임금을 지급해야 한다.
② 사용자는 이 법에 따른 최저임금을 이유로 종전의 임금 수준을 낮추어서는 아니 된다.
③ 최저임금의 적용을 받는 근로자와 사용자 사이의 근로계약 중 최저임금액에 미치지 못하는 금액을 임금으로 정

한 부분은 무효로 하며, 이 경우 무효로 된 부분은 이 법으로 정한 최저임금액과 동일한 임금을 지급하기로 한 것으로 본다.

헌법 제23조는 시민에게 근로의 권리를 인정하며 사적 자치를 제한해야만 가능한 최저임금제를 헌법에서 명시하고 있다. 우리 헌법은 개별 규정을 통해 복지국가 원리를 선언하고 있다. 이에 따라 국회는 최저임금법을 만들어 매해 행정부에서 최저임금을 결정하도록 하고, 이에 위반되는 계약 중 최저임금액에 미치지 못하는 금액을 임금으로 정한 부분은 무효로 하고 이만큼은 최저임금법에서 정한 임금을 지급하도록 해서 노동자와 사용자가 정한 계약에 개입한다.

최저임금을 정한 규정 등의 '강행 규정'을 위반한 계약이 무효라는 것을 일반 원칙으로 선언한 규정이 민법 제103조다. 이 조항을 통해 우리는 국회가 당면한 사회문제를 해결할 최저임금법과 같은 법을 새로 만들지 못하더라도 민법 제103조를 근거로 당해 계약의 사법상 효력을 무효로 만들어 이를 해결할 수 있는 수단을 갖는다.

과실책임 원칙에 무과실책임도 일부 수용

 기업 중 일부는 사회적 위험을 야기하면서 경영해 수익을 창출한다. 그러나 그런 사회적 위험이 실제로 실현되어도 고의 또는 과실을 입증하기가 쉽지 않거나 직접적인 고의 또는 과실이 없어 과실책임의 원칙에 따라 그 손해를 배상하지 않아도 되었다. 이런 측면에서 과실책임의 원칙은 기업이 창의적이고 혁신적이 행위를 하는 데 크게 이바지했다

 그러나 과실책임의 원칙에 따라 당해 기업이 책임지지 않는 '손해는 없거나 없어지는 것'이 아니라 결국 그 사회의 다른 시민이 '불행'이라는 이름으로 감수하거나 사회적 비용을 들여 처리해야 하는 몫이다. 이에 따라 "분명히 사회적 위험을 끼치면서 돈을 버는 사람은 있는데 왜 그 사람이 그런 책

임을 부담하지 않고 다른 사람이나 사회가 이를 부담해야 하는가?"라는 근본적인 질문이 던져졌다.

이에 따라 현대에서는 구조적인 사회적 위험을 끼치면서 수익을 얻는 기업이 고의 또는 과실이 있는지 묻지 않고 그 책임을 져야 한다는 '무과실책임' 사상이 공감대를 얻었고 그 결과 민법의 과실책임의 원칙에 예외를 인정하고 무과실책임을 지도록 하는 법이 만들어져 과실책임의 원칙의 사각지대를 없애고 있다.

환경정책기본법 제44조(환경오염의 피해에 대한 무과실책임)
① 환경오염 또는 환경훼손으로 피해가 발생한 경우에는 해당 환경오염 또는 환경훼손의 원인자가 그 피해를 배상해야 한다.
② 환경오염 또는 환경훼손의 원인자가 둘 이상인 경우에 어느 원인자에 의하여 제1항에 따른 피해가 발생한 것인지를 알 수 없을 때에는 각 원인자가 연대하여 배상해야 한다.

원자력손해배상법 제3조(무과실책임 및 책임의 집중 등)
① 원자로의 운전 등으로 인하여 원자력손해가 생겼을 때에는 해당 원자력사업자가 그 손해를 배상할 책임을 진다.

 원자력발전으로 수익을 얻는 기업과 그로 인한 손해가 무과실책임이 필요한 대표적인 예다. 원자력발전은 화력발전에 비해 상대적으로 깨끗하고 가성비가 좋은 발전 방법이다. 따라서 이것을 운영하는 기업은 매우 큰 수익을 얻는다.
 그런데 원자력발전 시설이 파괴되어 방사성물질이 외부로 유출되면 그 피해는 이루 말할 수 없다. 그런데 그런 사고가 실제 발생해 주변에 있는 많은 사람과 지역에 손해가 발생했는데, 그것이 당해 기업의 고의 또는 과실이 아니라고 책임지지 않는다면 그런 논리를 누가 수용할 수 있겠는가? 그리고 앞으로 '사회적 위험'을 수용할 지역은 좀처럼 찾기 어려울 것이다.
 이런 이유로 국가는 원자력손해배상법을 만들어 원자로의 운전 등으로 인해 원자력 손해가 생겼을 때는 해당 원자력사업자가 그 손해를 배상하도록 했다. 이런 논리를 환경오염 사건에 일반 원칙으로 선언한 규정이 환경정책기본법 제44조다. 이 조항을 통해 우리는 국회가 당면한 사회문제를 해결할 원자력 손해배상보장법 등의 법을 새로 만들지 못하더라도 환경정책기본법 제44조를 근거로 당해 사건에서 환경오염을 야기한 사람이 고의 또는 과실이 없더라도 그에게 환경오염 책임을 지울 수 있는 수단을 갖는다.

사적 자치의 원리는 각종 사회문제를 해결하기 위해 수정되었다. 결론적으로 현대 사회에서 사적 자치의 원리는 인격 존중의 원칙을 바탕으로 재산권 존중의 원칙, 계약자유의 원칙에 의하되 이를 일부 제한하는 것으로, 과실책임의 원칙에 의하되 일부 영역에서 무과실책임을 인정하는 것으로 수정되어 적용되고 있다.

── 시민과 국가의 관계 1:
민주주의

민주주의란 무엇인가

　민주주의 원리란 국가권력의 창설과 행사의 마지막 정당성은 국민에게 있다는 원리다. 우리 헌법은 대한민국의 국가 형태가 '민주' 공화국이고(제1조 제1항), "대한민국의 주권은 국민에게 있고, 모든 권력은 국민으로부터 나온다."라고 국민주권을 선언해(제1조 제2항) 민주주의 원리가 우리 헌법의 기본 원리라는 것을 분명히 하고 있다.

　국민은 헌법 제정 권력으로 기능해 국가를 창설하고, 각종의 선거권을 통해 헌법상의 여러 국가권력을 창조하고 그 권한 행사에 민주적 정당성을 제공한다. 한편, 국가의 정치적인 의사결정 과정에 '여론'의 힘으로 영향력을 행사함으로써 국가 작용의 조종사로서 역할을 한다. 나아가 피선거권과 공무담임권 그리고 국민투표권을 통해 공무를 담당하거나 헌법 개정안이나 중요 국정 사안에 대한 정책 결정에 직접 참여하기도 하고, 정당을 설립하고 활동함으로써 정치적 영향력을 행사한다. 국민은 이와 같은 행위를 통해 국가권력을 만들고 국가권력을 행사하는 데 정당성 근거가 된다. 이것은 근대 이전에 권력의 정당성을 자연, 신에서 찾는 것과 뚜렷이 대비되는 사상이다.

민주주의 원리는 다음 몇 가지를 내용으로 한다. 첫째, '정치적 영역'에서 '절대적 평등'을 전제한다. 구체적으로 한 사람 한 사람이 가진 한 표는 동일한 가치를 가져야 한다는 것이다. 둘째, 이런 전제하에 국가의 의사결정은 '다수결의 원리'에 따를 수밖에 없다. 그리고 다수결의 원리가 정당화되려면 생각의 가변성을 전제로 한 개인이 충분한 토론을 거쳐 다수결에 참여할 의사를 형성할 가능성을 보강해야 한다. 셋째, 국가의 의사결정을 다수의 의사에 따르는 이유는 그것의 가치적 우월성, 절대적 우월성에 기초한 것이 아니라 양적 우월성, 상대적 우월성에 기초한다. 따라서 다수가 되지 못한 소수는 보호되어야 한다. 이를 구체적으로 살펴보자.

첫째, '정치적 영역'에서 '절대적 평등'을 전제한다. 여기서 우리는 두 가지 점에 주목해야 한다. 우선 민주주의 원리가 관철되는 영역은 정치적 영역이다. 정치적 영역이란 우리가 2장에서 살펴본 국가-사회 이원론에서 국가(정부) 영역과 사회 영역 중에 정당을 중심으로 정치인이 국가권력을 얻기 위해 활동하는 공간인 정치사회를 말한다. 따라서 정치사회 외의 사회 영역은 민주주의 원리가 적용되지 않는다.

그런데 지금까지 이 책의 논리를 잘 이해하며 여기까지 읽은 분들은 문득 '왜 정치사회는 사적 자치가 아니라 민주주의 원리가 적용된다는 걸까?' 하는 의문을 품을 것이다. 그렇다. 정치사회도 '사회'의 한 영역이므로 원칙적으로는 사적 자치의 원리가 적용되어야 한다. 그런데 민주주의 원리, 법치주의 원리, 복지국가 원리와 같은 '국가' 영역에 적용되는 원리가 적용되어야 할 때가 있다. 그것은 이 영역이 가지는 특수성에 기인한다.

정당이란 "국민의 이익을 위하여 책임 있는 정치적 주장이나 정책을 추진하고 공직선거의 후보자를 추천 또는 지지함으로써 국민의 정치적 의사 형성에 참여함을 목적으로 하는 국민의 자발적 조직을 말"한다(정당법 제2조). 이 정당은 집권하고자 하는 사람들이 조직한 자발적인 정치적 결사다. 따라서 원칙적으로 사적 자치의 원리에 따라 그 설립과 활동, 해산이 자유로워야 한다. 국가의 통제를 받지 않아야 하는 것이다.

그런데 정당은 개인의 정치적 의사를 모아 책임 있는 정치적 주장이나 정책을 추진하고 공직선거에서 후보자를 추천하거나 지지하는 방식으로 국민의 정치적 의사 형성에 직접 참여한다. 따라서 이 과정이 왜곡되면 '국가' 영역에 직접 부정적인 영향을 끼친다. 국가가 학교 동문회의 회장 선출을 문제 삼지 않으면서 정당에서 공천할 사람을 정하는 데 대리투표를 하는 것을 문제 삼는 것은 바로 이런 이유다(통합진보당 당내 대리투표 사건).

이런 측면에서 헌법은 정당에 관해 두 가지 관점에서 규정하고 있다. 하나는 정당을 보호하려는 관점이다. 우리 헌법은 정당의 설립과 활동의 자유와 복수정당제를 보장하고 있다(제8조 제1항). 그리고 국가는 정당을 법률이 정하는 바에 의해 보호하고, 정당 운영에 필요한 자금을 보조할 수 있도록 규정하고 있다(같은 조 제3항). 이런 헌법의 명령에 따라 우리 입법자는 '정당법'과 '정치자금법'을 제정해 국민의힘, 더불어민주당 등의 정당을 보호하고 있다.

한편, 헌법은 정당에 일정한 규제도 하고 있다. "정당은 그 목적·조직과 활동이 민주적이어야 하며, 국민의 정치적 의사 형성에 참여하는 데 필요한 조직을 가져야 한다."(같은 조 제2항)라고 규정해 그 한계를 명시하고, 그 한계를 넘어 "정당의 목적이나 활동이 민주적 기본질서에 위배될 때에는 정부는 헌법재판소에 그 해산을 제소할 수 있고, 정당은 헌법재판소의 심판에 의하여 해산된다."(같은 조 제4항)라고 규정하고 있다.

요약하면 정당이 활동하는 정치사회는 그 본질이 거기서 일어나는 일이 국가 영역에 직접적인 영향을 주기 때문에 때로는 사적 자치가 배제되고 국가 영역에 적용되는 민주주의 원리, 법치주의 원리, 복지국가 원리 등이 적용될 수 있다.

그리고 민주주의는 '절대적 평등'을 전제로 한다. 여기서 말하는 절대적 평등이란 상대적 평등에 대비되는 개념으로, 어떤 이유로든 다르게 대우해서는 안 된다는 뜻이다. 반면 상대적 평등이란 "같은 것은 같게 다른 것은 다르게" 대우하라는 뜻이다. 헌법에서는 평등을 원칙적으로 상대적 평등으로 이해한다.

우리 헌법재판소도 "평등의 원칙은 일체의 차별적 대우를 부정하는 절대적 평등을 의미하는 것이 아니라 입법과 법의 적용에 있어서 합리적인 근거가 없는 차별을 하여서는 아니된다는 상대적 평등을 뜻하고 따라서 합리적 근거가 있는 차별 또는 불평등은 평등의 원칙에 반하는 것이 아니"라고 명시적으로 선언하고 있다.〔헌재 1999.5.27. 98헌바26〕따라서 일반인에 해당하는 금융기관 임직원이 직무와 관련해 금품을 받는 행위를 한 경우 공무원의 뇌물죄와 마찬가지로 별도의 배임행위(타인의 사무를 처리하는 자가 그 임무에 위배하는 행위)가 없더라도 이를 처벌하도록 한 것이 평등의 원칙에 반하지 않는다는 취지로 판시했다.

> 금융기관의 임직원에게는 공무원에 버금가는 정도의 청렴성과 업무의 불가매수성이 요구되고, 이들이 직무와 관련하여 금품수수 등의 수개행위를 했을 경우에는 별도의 배임행위가 있는지를 불문하고 형사제재를 가함으로써 금융업무와 관련된 각종 비리와 부정의 소지를 없애고, 금융기능의 투명성·공정성을 확보할 필요가 있기 때문이다.〔헌재 1999.5.27. 98헌바26〕

또한 우리 헌법에서 "모든 국민은 그 보호하는 자녀에게 적어도 초등교육과 법률이 정하는 교육을 받게 할 의무를 진다(제31조 제2항)."라고 규정하고 이를 국회와 대통령이 구체화하면서 3년의 의무 중등교육을 전국 모두 한꺼번에 실시하지 않고 경제적·문화적으로 낙후되고 교육 여건도 상대적으로 불리한 도서, 벽지 및 접적지역부터 순차적으로 실시하도록 했더라도 평등의 원칙에 부합한다는 취지로 판시한 바 있다.〔헌재 1991.2.11. 90헌가27 교육법 제8조의2에 관한 위헌심판〕

그러나 정치적 영역에서는 "같은 것은 같게 다른 것은 다르게" 대우하지 말고 어떤 이유로든 다르게 대우해서는 안 된다. 따라서 설사 선거의 목적인 좋은 대표자를 뽑는 데 있어 출중한 능력을 지닌 사람도 한 표를 넘어 행사하도록 허용해서는 안 되며, 그런 능력이 많이 부족한 사람이라도 표를 박탈하는 것은 허용될 수 없다. 이와 같은 논의와 그 결론이 공동체의 존립을 해할 수 있는 불행한 결과를 가져올 수 있고 좀더 근본적으로 "자유롭게 평등한 개인"이라고 하는 근대의 전제와 배치되기 때문이라고 생각할 수 있다.

둘째, 국가의 의사결정은 '다수결의 원리'에 따를 수밖에 없다. 그리고 다수결의 원리가 정당화되려면 생각의 가변성을 전제로 한 개인이 충분한 토론을 거쳐 다수결에 참여할 의사를 형성할 가능성을 보장해야 한다.

이미 설명한 것처럼 국가 영역은 민주주의 원리와 법치주의 원리, 복지국가 원리를 해당 영역을 지배하는 기본 원리로 삼았다. 이 영역은 이런 기본 원리를 실현하기 위해 필요한 사항을 제외하고는 공동체 구성원의 다양한 가치에 개방되어 있다. 그리고 다양한 가치 사이에 경쟁을 전제로 한다. 이제 국민은 자신의 가치에 기반해 '공론장'에서 자신의 가치가 정치적 영역에서 의사로 채택될 수 있도록 적극적으로 참여한다.

민주주의와 자유주의를 조화하고자 하는 견해에서는 우선순위에 차이는 있더라도 공론장에서 일정한 절차에 따른 논의를 거쳐 사회의 다양한 갈등을 해결해야 한다는 신념을 공유한다. 따라서 의사 형성과 의사결정을 위한 참여의 공간인 공론장에 국민의 적극적인 참여를 보장해 공동체의 문제에 대한 올바른 처방에 타협할 수 있는 제도가 필요하다. 참여민주제가 주목받는 이유다. 그리고 민주주의 원리는 생각의 가변성을 전제로 한 개인이 이와 같은 참여를 통해 충분한 토론을 거쳐 다수결에 참여할 의사를 형성할 가능성을 보장해야 한다.

따라서 민주주의 원리는 국가에 의한 사상과 언론의 검열, 집회의 통제, 여론몰이 등을 통한 사회 통합 시도를 철저히 배격한다. 우리 헌법 제21조 제2항이 언론·출판에 대한 허가나 검열과 집회·결사에 대한 허가를 명시적으로 금지하는 이유다.

그럼에도 국가의 의사결정은 최종적으로는 다수결의 원리에 따를 수밖에 없다. 국토가 넓고 인구가 많은 현대 입헌민주국가에서 원칙적으로 그 밖에 다른 정당화를 생각할 수 없기 때문이다. 그리고 다수결의 원리가 정당화되려면 생각의 가변성을 전제로 한 개인이 충분한 토론을 통해 다수결에 참여할 의사를 형성할 가능성을 보장해야 한다. 이것이 보장되지 않으면 다수결의 원리는 다수의 폭력으로 의미가 전화될 수 있기 때문이다. 이런 조건을 충족했을 때 민주주의는 다수의 지배라고 할 수 있다.

따라서 다수결의 원리와 이를 정당화하기 위한 생각의 가변성을 전제로 한 개인의 충분한 토론을 보장하는 것은 헌법적 요청이다. 이런 이유로 우리 헌법은 헌법개정을 하는 절차에서 "국회 재적의원 과반수 또는 대통령의 발의로 제안"된 헌법개정안을 "대통령이 20일 이상의 기간 이를 공고하"도록 해서 국회 의결과 국민투표를 거치기 전에 충분히 토론할 수 있는 시간을 보장하고 있다(제128조, 제129조, 제130조 참고). 또한 국회법은 "본회의는 안건을 심의할 때 그 안건을 심사한 위원장의 심사보고를 듣고 질의·토론을 거쳐 표결"하도록 규정하고 있다(제93조). 따라서 생각의 가변성을 전제로 한 개인의 충분한 토론을 보장하지 않은 의사결정은 비록 그것이 다수에 의한 결정이더라도 헌법에 반하는 것이다. 우리 헌법재판소도 2009년 이른바 미디어법에 대한 제1차 권한쟁의심판〔헌재 2009.10.29. 2009헌라8·9·10 병합〕과 2010년 미디어법에 대한 제2차 권한쟁의심판〔헌재 2010.11.25. 2009헌라12〕의 결정을 통해 이 사실을 분명히 했다.

이 사건은 국회의 이른바 '날치기 입법'에 관해 헌법적으로 판단한 건이다. 당시 국회에서 입법을 하는 와중에 회의를 주재하는 자가 법안을 일괄 상정하면서 "…… 오늘 장내가 소란하므로 정상적으로 회의를 진행할 수 없는 상황입니다. 따라서 오늘 회의의 심사보고나 제안 설명은 단말기 회의록으로 대체하기로 하고, 회의 자료로 대체하기로 하고, 질의와 토론도 실시하지 않도록 하겠습니다."라고 선언한 후 한 당 소속 의원들은 의장석 주변에 모여 반대하는 의원들의 의장석 주변 접근을 적극적으로 차단하고 다른 당 소속 의원들은 의장석에 접근해 의사진행을 하지 못하게 각각 물리력을 사용하는 상황에서 전자투표를 했다. 따라서 전자투표를 하러 가지 못한 의원이 있고 대리투표를 하는 등 극도로 무질서하고 혼란한 본회의 상황에서 투표해서 법을 통과시켰다.

이 사건에서 헌법재판소는 다음과 같이 판시하면서, 질의·토론 절차를 거치지 않은 법안 표결 행위는 헌법과 국회법을 위반해 국회의원의 심의·표결권을 침해한 것이라고 선언했다.

국회의 심의 절차는 의회주의 이념을 기초로 하는 국회 입법 절차의 본질적인 부분이다. 국회법 제93조도 심의 절차를 특별한 사유가 없는 한 입법 절차에서 반드시 거쳐야 할 절차로 규정하고 있고, 특히 위원회의 심사를 거치지 아니한 안건에 대하여는 본회의의 의결에 의하여도 질의·토론 절차를 생략할 수 없도록 함으로써 안건에 관한 심의가 보장되도록 하고 있다. 피청구인은 신문법안을 다른 법안들과 일괄 상정하고, 그 즉시 그에 대한 질의 및 토론은 실시하지 않겠다고 선언한 다음 곧바로 위원회의 심사를 거치지 않은 신문법 수정안에 대한 표결을 선포했으며, 표결 선포 후 약 11분가량이 지난 후에야 신문법 수정안이 회의진행시스템에 입력되고, 그로부터 약 30초 후에 투표가 시작된 점 등의 회의 진행 상황에 비추어보면, 청구인들이 피청구인의 표결 선포 전에 질의나 토론 신청을 준비하는 것은 물리적으로 불가능했다. 또한 국회법 제110조 제2항에 따라 표결 선포 이후에는 질의 및 토론 자체가 허용되지 않으므로, 피청구인이 의안 내용을 사전에 제공하지 아니한 채 표결 선포를 함으로써 질의 및 토론 신청의 기회는 실질적으로 봉쇄되었다. [헌재 2009.10.29. 2009헌라8·9·10 병합]

그런데 헌법재판소는 아쉽게도 법률안 가결 선포 행위가 국회법을 위반했을 뿐 헌법상 입법 절차를 명백히 위반한 것으로 보기는 어렵다고 판단했다. 국회의 날치기 통과가 국회의원의 심의 및 표결권을 침해했다고 확인했다면, 이에 따르는 법률안 가결 선포 행위도 권한침해행위라고 판단해야 논리적이며 타당한 결정이다. 이미 설명한 것처럼 다수결의 원리가 정당화되려면 생각의 가변성을 전제로 한 개인이 충분한 토론을 통해 다수결에 참여할 의사를 형성할 가능성을 보장해야 하고, 이를 보장되지 않으면 다수결의 원리는 다수의 폭력일 뿐이기 때문이다. 국회의 자율권은 헌법과 법률에 명백히 반하지 않는 범위 내에서 존중될 수 있기 때문에, 이를 이유로 권한침해확인을 회피하는 것은 타당하지 않다. 앞으로 헌법재판소의 전향적인 판단을 기대한다.

셋째, 민주주의는 다수의 지배다. 다수의 지배는 필연적으로 소수의 희생을 가져오며, 이는 갈등과 대립을 가져온다. 이런 이유로 민주주의는 필연적으로 소수의 보호를 제도적으로 요청한다. 우리 헌법은 기본권, 임기제와 결합한 선거제, 법원과 헌법재판소의 통제, 직업공무원제도 등으로 소수의 보호를 구체화하고 있다. 여기서 소수란 다수결을 전제로 한 당해 결정에서 패한 양적인 소수를 말한다.

기본권은 다수결의 원칙에서 패한 자에게 이에 따른 결정에서 자신을 방어할 수 있는 권리로서의 의미가 있다. 더 구체적으로는 소수자는 기본권을 행사해 국회의 다수에 의해 형성된 법률 때문에 자신의 자유와 권리가 희생되는 것을 방어할 수 있다. 이런 의미에서 기본권은 늘 소수자에게 의미가 있다.

한편, 소수자는 공직자에 대한 임기제와 결합한 선거제를 통해 정권 교체의 가능성을 보장받는다. 예를 들어 국회의원의 임기는 4년으로 하며(헌법 제42조), 국민의 선거에 의해 선출된다(헌법 제41조 제1항). 대통령의 임기는 5년으로 하며, 중임할 수 없고(헌법 제70조), 국민의 선거에 의해 선출된다(헌법 제67조 제1항). 나아가 법원과 헌법재판소가 법률과 행정부의 결정을 심사하도록 하는 것, 직업공무원제도 또는 공직제도를 마련해 정무직 공무원을 견제하도록 하는 것 등은 처음부터 소수자 보호를 위해 마련한 제도는 아니지만, 부수적으로 소수자를 보호하는 효과를 가져온다.

이와 같은 민주주의 원리를 구현하는 방법에는 국민이 직접 국가의사를 결정하는 직접민주제와 국민이 대표를 선출해서 그 대표가 국가의사를 결정하도록 하는 대의제가 있다. 차례대로 살펴보자.

직접민주제의 실현과
그 한계

 국민의 뜻에 따른 국가권력의 창설과 행사라는 민주주의 원리를 구현하는 형태 중 역사적으로 먼저 나타나고 이에 따라 근대를 기획한 사람들이 발견한 원형은 모든 국민이 국가권력의 창설과 행사에 참여하는 직접민주제다.

 고대 그리스의 여러 도시국가에서는 왕이나 귀족이 지배하는 것보다 다수에 의한 지배가 더 낫다는 사상이 있었다. 그들은 이를 데모크라티아(demokratia)라고 표현했다. demos는 '민중', kratia는 '지배'라는 뜻으로, demokratia는 '민중의 지배'를 나타내는 개념이라고 할 수 있다.

 이런 사상은 그리스 도시국가 중 하나인 아테네에서 오늘날 입법부에 해당하는 민회, 행정부에 해당하는 500인회, 사법부에 해당하는 법원이라는 정체로 구현되며 꽃을 피웠다. 민회는 아테네의 20세 이상 남자 시민으로 구성되어 아테네의 중대사를 의결했다. 500인회는 아테네의 10개 부족에서 각각 50명씩 뽑힌 500명으로 구성되며 이 중 10분의 1에 해당하는 50인이 1년 임기로 각각 전업으로 근무했다. 이들은 민회에서 결정할 사항을 확정하는 것, 민회에서 결정한 사항을 집행하는 일을 담당했다. 법원은 30세 이상의 성인 남자 시민 중 배심원을 추첨해 이들에게 재판을 맡게 했다. 현대 배심제의 효시다.

그러나 아테네의 '민중의 지배' 체제는 현대적 관점에서 보았을 때 직접민주제라고 말하기에는 뚜렷한 한계가 있다. 우선 지배를 받는 모든 시민이 곧 지배자라는(이를 법학에서는 '피치자와 치자의 동일성'이라고 한다) 언어적 의미의 '직접'민주제기 이니다. 민중의 광범위한 참여가 있기는 하지만 그 속을 자세히 들여다보면 직접민주제가 아니라 대의제에 기반을 두고 있다. 그리고 아테네에서 참여의 문이 보장되는 시민은 현대적 의미에서 '모든' 시민이 아니라 부모가 모두 아테네 출신인 20세 이상의 자유 남자에게만 국한된 '제한된' 시민이었다. 따라서 외국인, 여성, 노예, 외국인에게는 참여의 문이 닫혀 있었다. 그리고 아테네에서 이와 같은 시민이 국가 의사결정에 참여할 수 있었던 기반은 이들이 생산 활동에 종사하는 것을 대신하는 노예제다.

넓은 영토와 그 안에 많은 국민을 가진 현대 입헌민주국가의 대부분에서 국가의 모든 사항을 국민이 직접 결정하는 것은 처음부터 불가능하다. 따라서 대부분 현대 입헌민주국가에서는 대의제를 통해 대부분의 국가 의사를 결정하고 이 직접민주제의 순기능을 살리기 위해 일부 사항을 국민이 직접 결정하는 제도를 도입하고 있다. 국민투표, 국민발안, 국민소환이 바로 그것이다. 우리 헌법도 대통령이 필요하다고 인정한 경우 외교·국방·통일 기타 국가 안위에 관한 중요 정책에 대해 국민투표를 부치면 이 사항에 대해 국민이 직접 결정할 수 있고(제72조), 발의된 헌법개정안이 국회의 의결을 거치면 국민투표에 부쳐 다수결에 의해 헌법개정안을 확정하도록 규정하고 있다(제130조).

그렇다면 현대 입헌민주국가에서 직접민주제는 어떻게 이해해야 하는가 하는 의문이 남는다. 필자는 이에 대해 다음과 같이 생각한다.

첫째, 넓은 영토와 그 안에 많은 국민을 가진 현대 입헌민주국가의 대부분에서 국가의 모든 사항을 국민이 직접 결정하는 것은 처음부터 불가능하다. 심지어 상대적으로 작은 영토와 30만 정도의 인구를 가진 아테네 정치도 시민의 일상적이고 광범위한 참여에 기반한 대의제가 그 본질인 것을 보면 언어적 의미에서 '직접' 민주제란 불가능한 이상이라고 할 수 있다.

둘째, 대의제를 보완해 직접민주제를 가능하게 한다고 이해되는 국민투표, 국민발안, 국민소환조차 언어적 의미의 '직접' 민주제라고 할 수는 없다. 왜냐하면 국민투표, 국민발안, 국민소환 중 뒤의 두 개는 국민이 그것을 행하는 그 순간조차 지배를 받는 모든 시민이 곧 지배자라는 전제를 충족시키지 못한다. 국민이 의회에 안건을 제출한다는 것 자체가 의회를 전제로 한 것이고, 국민이 대표자를 소환한다는 것 자체가 대표자를 전제로 한 것이기 때문이다. 이런 의미에서 직접민주제는 대의제의 단점을 보완할 수 있는 약한 수단이지 대의제를 대체할 수 있는 강한 수단이 아니다.

셋째, 직접민주제를 한 결정이 공동체에 바람직한 것이라는 보장도 없다. 아테네와 달리 우리는 모두 자유시민이고 자기 생계를 스스로 해결하고 책임져야 하는 생활인이다. 따라서 우리 대부분은 공적인 업무에 상당한 시간과 노력을 들일 여유가 없다. 이런 상황에서 지배받는 모든 시민이 국가 의사결정에 참여한다면 그 결과가 공동체에 바람직한 것이라는 보장이 없다. 그런 의미에서 우리는 아직 순수한 의미의 직접민주제를 할 물적 기반을 갖추지 못한 것이라고 평가할 수도 있다.

마지막으로, 근대를 넘어 현대에 이르러 직접민주제가 더 실현되기 어려운 여건도 있다. 이미 이 책 2장에서 살펴본 것처럼 근대 국가는 시민의 생명, 재산, 안전과 같은 이익을 보호하는 것이 존재 이유였다. 이런 목적을 달성하기 위해 국가는 외부의 적과 내부 범죄로부터 공동체를 지키는 소극적인 기능을 수행하는 경찰국가였다. 그러나 현대 입헌민주국가는 가난, 질병, 저임금, 실업 등 다양한 사회문제를 해결하는 것이 추가되었다. 이런 목적을 달성하기 위해 국가는 지원금을 주고 병원을 짓고 법을 만들어 노동자와 사용자 간의 관계를 규율하는 적극적인 기능을 수행하는 복지국가다.

그런데 경찰국가에서 정책 효과가 공동체의 모든 사람에게 돌아가는 정책이 상대적으로 많다. 예를 들어 작년에 범죄가 20퍼센트 증가해 경찰 인원 증원이 필요하다는 사회적 요구가 나와 이에 대응하기 위해 경찰을 늘리면 그 효과는 모든 국민을 위해 돌아가게 된다. 그런데 복지국가에서 정책은 공동체의 모든 사람에게 돌아가는 정책도 있겠지만, 정책을 통해 혜택을 받는 자와 이를 위해 재정을 부담하는 자가 나뉘는 정책이 상대적으로 많게 된다.

예를 들어 가난한 사람의 질병이라는 사회문제를 해결하기 위해 국가가 직접 국립병원을 지어 무료 또는 저렴하게 의료서비스를 지원하는 정책을 펼친다면 이를 통해 혜택을 받는 자와 이 정책을 추진하기 위해 세금을 추가로 부담하는 자는 일치하지 않는다. 따라서 모든 국민이 참여해 이런 정책에 대한 의사결정을 한다면 이를 합의하는 것은 상대적으로 매우 어렵다. 이런 사안은 대표자를 선출해서 이들이 토론을 통해 합의에 이르도록 하는 사안이라는 것이다.

이와 같은 실천적이고 이론인 이유로 대부분 현대 입헌민주국가에서는 국민이 직접 의사결정하는 것이 아니라 시민은 대표자를 선출하고 선출된 대표가 나라의 의사를 결정하는 대의민주제를 통해 민주주의를 구현하고 있다. 우리 헌법도 법을 만드는 국회, 이렇게 만들어진 법을 집행하는 행정부, 이 과정에서 국민의 자유와 권리를 침해했을 때 이를 구제하기 위한 법원과 헌법재판소라는 대의기관을 설치하고 운영해 민주주의를 구현하는 대의제를 근간으로 민주주의를 제도화하고 있다.

대의민주제의 실현과
그 한계

　대의민주제는 일반 시민과 대표자를 관념적으로 구별한 후, 일반 시민에게는 대표를 선출할 권리를 주고 이렇게 일반 시민에게 선출된 대표자에게는 국가 의사를 결정할 수 있는 권한을 부여하는 민주주의 구현 방법이다. 여기서 대표자는 일반 시민으로부터 '자유위임'을 받았기 때문에 국익을 우선해 양심에 따라 국가의사를 결정한다(제46조 제2항). 그리고 대표자가 한 의사결정이 일반 시민의 뜻에 부합하면 주기적으로 하는 선거를 통해 계속 대표로 활동하게 하고, 그 의사결정이 일반 시민의 뜻에 부합하지 않으면 선거에서 낙선시키는 방법으로 대표를 통제한다. 이를 가능하게 하기 위해 일반 시민에게 인정되는 기본권이 헌법 제24조에서 보장하는 선거권이다.

그런데 이렇게 되면 자칫 선거에 즈음해서만 일반 시민의 뜻에 따른 정치가 이루어지고 일상적으로는 일반 시민의 뜻에 따른 정치가 이루어지지 못할 수도 있다. 이를 보충하기 위해 헌법은 제21조에서 일반 시민이 국가 의사결정에 관련한 자기 의사를 자유롭게 말하고('언론'), 쓰고('출판'), 집단적으로 표현('집회', '결사')할 수 있도록 표현의 자유를 기본권으로 보장하고 있다. 현대 입헌민주국가에서 표현의 자유를 보장하는 것이 중요한 이유다.

우리 헌법재판소는 박근혜 대통령 탄핵 결정에서 박근혜 대통령의 행위 중 일부가 대의민주제를 훼손했다고 판단한 바 있다.

대통령은 헌법과 법률에 따라 권한을 행사해야 함은 물론, 공무 수행은 투명하게 공개하여 국민의 평가를 받아야 합니다.

그런데 피청구인은 최서원의 국정개입 사실을 철저히 숨겼고, 그에 관한 의혹이 제기될 때마다 이를 부인하며 오히려 의혹 제기를 비난했습니다. 이로 인해 국회 등 헌법기관에 의한 견제나 언론에 의한 감시 장치가 제대로 작동될 수 없었습니다.

또한, 피청구인은 미르와 케이스포츠 설립, 플레이그라운드와 더블루케이 및 케이디코퍼레이션 지원 등과 같은 최서원의 사익 추구에 관여하고 지원했습니다.

(……)

이런 피청구인의 위헌・위법 행위는 대의민주제를 훼손한 것입니다.〔2016헌나1〕

그런데 현대 입헌민주국가에서 직접민주제의 대안으로 제도화된 대의제도도 여러 한계를 드러내고 있다. 무엇보다 대표자가 한 국가 의사결정이 일반 시민의 뜻과 동떨어져 있는 것이 아니냐는 의심을 받고 있다. 대의민주제가 민주주의를 실현하기 위해 고안한 하나의 방법 중 하나이고 민주주의라는 것이 공동체의 의사결정은 시민의 뜻에 따라야 한다는 것인데, 대의민주제에서 한 의사결정이 일반 시민의 뜻과 동떨어져 있다는 것은 곧 대의민주제가 민주주의를 실현하기 위해 적당한 방법이 아닐 수 있다는 의문을 갖게 하는 것으로 대의민주제의 뼈아픈 비판이라 할 수 있다.

이런 결과는 대의제가 작동하기 위한 세부 전제가 현대 입헌민주국가의 상황에 부합하지 않는 측면에 기인하는 것이다. 우선 대의제에서 일반 시민과 대표자를 관념적으로 구별한 후, 일반 시민에게는 대표를 선출할 권리를 주고 이렇게 일반 시민에게 선출된 대표자에게는 국가 의사를 결정할 수 있는 권한을 부여하는 것을 정당화하는 데는 대표자가 일반 시민보다 뛰어난 인격, 자질, 능력, 덕성을 가지고 있다는 전제가 깔려 있다. 그런데 이른바 선진국에서 대표자가 일반 시민보다 뛰어난 인격, 자질, 능력, 덕성을 가지고 있다는 명제가 성립할 수 있을까? 누구도 그렇다고 자신 있게 답하기 어렵다.

또한 대표자는 일반 시민으로부터 '자유위임'을 받았기 때문에 국익을 우선해 양심에 따라 국가의사를 결정한다는 것에는 대표자는 전체 국민의 대표자이며, 자신을 뽑아준 선거 구민의 대표자가 아니므로 전체 국민을 대표해야지 선거 구민을 대표해서는 안 된다는 요청이 담겨 있다. 그리고 대표자는 전체 국민의 이익을 대표해야지 특수집단의 이익을 대표해서는 안 된다는 요청이 담겨 있다. 또한 대표자는 전체 국민의 대표이지 특정 정당의 대표자가 아니므로 당 대표, 원내 대표, 당론과도 일정한 거리를 유지하고 국익을 우선해 양심에 따라 국가의사를 결정해야 한다는 요청이 담겨 있다. 우리 헌법재판소도 기존 정당을 탈당해 다른 정당으로 옮긴 국회의원은 그 신분이 계속 유지된다는 결정을 하면서 다음과 같이 판시한 바 있다.

> 헌법 제7조 제1항의 "공무원은 국민 전체에 대한 봉사자이며, 국민에 대해 책임을 진다."라는 규정, 제45조의 "국회의원은 국회에서 직무상 행한 발언과 표결에 관하여 국회 외에서 책임을 지지 아니한다."라는 규정 및 제46조 제2항의 "국회의원은 국가 이익을 우선하여 양심에 따라 직무를 행한다."라는 규정들을 종합하여볼 때, 헌법은 국회의원을 자유위임의 원칙하에 두었다고 할 것이다. 또 헌법 제8조 제3항의 "정당은 법률이 정하는 바에 의하여 국가의 보호를 받으며……"라는 규정이나 제41조 제3항의 "비례대표제 기타 선거에 관한 사항은 법률로 정한다."라는 규정도 전국구 의원이 그를 공천한 정당을 탈당할 때 의원직을 상실하게 하는 내용은 아니다. 따라서 별도의 법률 규정이 있는 경우는 별론으로 하고, 전국구 의원이 그를 공천한 소속

정당을 탈당했다 하여 의원직을 상실하지는 않는다고 할 것이다.〔헌재 1994. 4. 28. 선고 92헌마153〕

그런데 현대 입헌민주국가에서 대표는 선거구를 위해, 그리고 자기 지지 세력과 자신의 정당을 위해 부지런히 활동하고 있다. 그리고 그것이 미덕으로 여겨지기도 한다. 이런 이유로 현대 입헌민주국가에서 대의제는 위기에 처해 있다. 이런 난국을 타개하기 위해 활발하게 탐색되고 집행되고 있는 것이 이른바 '참여민주주의'와 '숙의민주주의'다.

끊임없이 모색되는
대안과 보완 방법

 참여민주주의란 시민의 광범위한 참여를 통해 민주주의를 구현하고자 하는 사상 또는 정치체제를 말한다. 여기서 '참여'란 "사회의 보통 구성원이 의사결정의 결과에 영향을 미치거나 영향을 미치고자 하는 행동"이다.

 여기서 참여의 주체는 일반 시민이다. 국회의원이나 대통령은 물론 행정공무원과 법관과 같이 직업직인 의사결정자의 의사결정은 참여민주주의의 참여가 아니다. 결국 참여민주주의는 '위에서 아래'가 아닌 '아래에서 위로'의 행동을 촉구하는 것이다. 그 참여의 목적은 '의사결정의 결과'에 '영향을 미치는 것'이다. 참여민주주의는 선거를 통해 대표자를 선출하는 것을 넘어 여러 형태로 의사결정에 참여하는 것을 지향한다. 그 방법은 집회, 시위, 캠페인, 청원, 기부, 단체의 설립과 가입·활동 등이다. 그리고 참여는 제3자의 행위를 전제로 한다. 이런 의미에서 참여민주주의는 대의제를 보완하는 것이라고 이해할 수 있다.

우리나라도 법과 제도의 개정을 통해 다양한 시민 참여 제도를 구현하고 있다. 국회에서 과거보다 많은 공청회를 개최하고 행정부에서 주민참여예산제, 국민참여입법센터를 운영하고 있으며, 사법부에서는 국민참여재판을 시행하고 있다.

한편, 숙의민주주의란 자유롭고 평등하며 열린 토론을 바탕으로 참여의 질을 높여 공공문제를 해결하고자 하는 사상이다. 숙의민주주의에서의 숙의 과정은 어떤 쟁점에 대해 찬반 논쟁을 해서 한쪽이 승리하는 것 자체를 목표로 하는 것이 아니고 숙의에 참여한 시민 모두가 '사려 깊은 저울질'을 할 수 있도록 하는 것이다. 이를 구현하기 위한 방법은 공론 조사, 시민참여형 조사, 시나리오 워크숍, 합의회의 등이 있다. 우리나라도 다양한 숙의 제도를 탐색하고 있다. 2017년 신고리 원전 5·6호기의 건설 중단·재개 여부와 관련된 공론 조사, 2018년도에 시행된 대입제도 개편 공론화위원회, 한국형 보이텔스바흐 합의를 위한 서울특별시 교육청의 사회현안

교육 원칙 합의를 위한 서울교원 원탁토론 등이 그 예다.

물론 이와 같은 참여민주주의와 숙의민주주의도 그 한계는 있다. 이미 설명한 것처럼 참여민주주의에서 참여란 제3자의 행위를 전제로 하므로 대의제를 대체하는 대안이 아니라 보완 방법에 불과하고 시민의 광범위한 참여로 민주주의의 문제 상황을 근본적으로 개혁하기는 어렵다. 숙의에 참여하는 집단이 과연 전체 국민을 대표할 수 있는 대표성을 갖는지, 그럴 수 없다면 그런 대표의 결정이 전체 국민을 대표하는 국회의원이나 대통령과 같이 공식적인 대표의 의사결정을 대체하거나 제약하는 것은 허용될 수 없는 것 아닌지, 높은 비용 문제, 소규모 토론에서 발생할 수 있는 의견 동질화나 양극화 문제, 참여자간 불평등, 이상적 숙의 상황 가정이 가지는 비현실성 문제, 숙의 토론의 질과 토론 과정에 발생할 수 있는 각종 왜곡 문제 등 숙의민주주의가 해결해야 될 문제점도 산적해 있다.

그러나 우리 헌법이 대의제를 근간으로 삼고 직접민주제를 제한적으로 수용하고 있다고 해서, 그리고 참여민주주의와 숙의민주주의가 우리 헌법에 직접적 근거가 미약하고 실제 이와 같은 이론적·현실적 문제점을 드러내고 있다고 해서 이것을 배제해야 할 대상으로 삼을 필요는 전혀 없다. 우리 헌법은 대의제, 직접민주제라는 구체적인 제도의 상위에 국민의 뜻에 따라 국가권력을 만들고 운영해야 한다는 민주주의 원리를 채택하고 있기 때문이다.

인류 역사는 민주주의가 완성태가 아니라 현재 진행 중인 과정태라는 것을 잘 보여주고 있다. 따라서 우리 헌법은 민주주의 원리가 실현하고자 하는 국민의 뜻에 따라 국가권력을 만들고 운영해야 한다는 내용을 '깃발'로 삼아 참여민주주의, 숙의민주주의와 같이 계속 새롭게 제기되는 대안을 탐색하고 제도화하면서 민주주의를 가꾸고 개혁할 것을 우리에게 바라고 있다.

― 시민과 국가의 관계 2:
법치주의

법치주의란 무엇인가

 법치주의 원리란 국가와 국가기관의 활동, 국가공동체에서 생활하는 국민의 생활에 기준과 방식을 법이라는 형식에 의해 제공해야 한다는 원리다. 이를 풀어서 말하면 국가를 구성하고 운영하는 데 있어서 법에 따라 해야 한다는 원리다. 여기서 법은 기준을 의미한다. 이런 의미에서 법치주의는 미리 정해진 기준에 따라 국가를 구성하고 운영해야 한다는 것을 내포하고 있다. 이것은 근대 이전의 즉흥적인 또는 미리 정해진 기준에도 불구하고 그와 상관없이 국가를 구성하고 운영하는 '왕의 지배'를 허용하지 않겠다는 것이다. 이런 의미에서 '법치'는 '인치'를 극복한 개념이다.

 이와 같이 국가권력을 법에 기속시켜서 제한함으로써 시민의 자유와 권리를 보호하려는 사상은 근대 영국, 프랑스, 독일 등 유럽에서 유래했다. 중세에서 근대로 넘어오면서 자연적인 인권 개념, 국가의 권력 제한 등을 주장한 자연법사상과 사회계약설이 근대적인 법치주의의 효시를 이룬다. 근대 이전 유럽에서는 군주가 절대 왕권을 행사했다. 이런 자의적인 국가권력의 행사는 시민의 자유와 권리를 침해하는 결과를 가져왔다. 자의적인 국가권력의 행사로부터 시민의 자유와 권리를 보장하기 위해서는 새로운 전략이 필요했다. 그것이 시민의 대표로 구성된 의회에서 제정한 법 형식인 법률에 따라 국가를 구성하고 운영하도록 하는 것이다.

이 시기 법치주의는 우선 국가권력을 나누어 독립된 별도의 국가기관에 부여해야 한다고 주장했다. 그리고 입법권은 시민의 대표로 구성된 의회에 부여한다. 의회에서 제정한 법률에 따라 집행권을 행사하며, 법률에 따라 재판한다. 이 중에서도 행정이 시민의 권리를 침해할 때는 법률에 근거해야 한다는 법률에 의한 행정을 핵심적 내용으로 한다. 이 당시 법치주의를 나중에 역사에 등장한 실질적 법치주의에 대비해 '형식적 법치주의'라고 말한다. 이 단계에서는 절대군주의 자의적인 권력행사를 막는 것이 현안이었다. 그리고 그 대안

세력이 시민의 대표로 구성된 의회였다. 이를 통해 시민은 자신의 생활을 스스로 설계하고 행위할 때 예측 가능성을 확보해 안정성을 가질 수 있게 되었다.

그런데 2장에서 살펴본 것처럼 현대에 들어 국가가 사회문제를 해결하기 위해 적극적인 급부 기능을 수행해야 한다는 복지국가 원리가 수용되면서 형식적 법치주의는 위기를 맞게 된다. 즉 법치주의 원리를 따르면서 복지국가 원리를 구현하기 위해 의회가 노동법, 사회보장법, 공정거래법, 소비자보호법 등의 사회법을 제정하고 이를 집행하기 위해 더 많은 세금을 부과하면서 이제 시민은 전통적으로 '시민의 친구'로만 여기던 의회가 '시민의 적'이 될 수도 있다는 것을 알게 되었다. 또한 20세기 초 독일, 이탈리아와 같은 전체주의가 출현한 나라에서는 전체주의 세력이 합법적인 방법으로 의회를 장악해 시민의 자유와 권리를 억압하는 법을 만들 수 있다는 것을 불행한 역사를 거쳤다.

이런 과정에서 법률의 내용이 정의에 합치하지 않으면 따르지 않아야 한다는 사상이 등장하고 이를 구체화해 법률의 내용이 헌법에 합치하지 않으면 이를 무효로 선언하는 위헌법률심판 제도가 본격적으로 수용되고 전파되었다. 이를 과거의 법치주의와 비교해 실질적 법치주의라고 말한다.

실질적 법치주의는 절대군주의 자의적인 권력행사라는 인치는 물론 시민의 대표인 의회의 법에 따른 권력행사 중 내용적으로 정당하지 않은 권력행사까지도 통제할 수 있게 되어 시민의 자유와 권리를 보장할 수 있는 기틀을 마련했다.

법치주의의 목적은 국민의 자유와 권리의 보장이고, 제도적 기초는 권력분립 원리다. 권력분립 원리란 국가권력이 구체적으로 법에 어떤 작용을 하느냐를 기준으로 법을 만드는 입법권, 만들어진 법을 집행하는 행정부, 입법과 집행 과정에서 시민의 자유와 권리를 구제하기 위한 사법권으로 나누고, 이 권한을 각각 독립된 국가기관에 부여해 행사하도록 한다(기관 분리와 권한 부여). 그리고 그런 권한 행사를 통해 각 기관은 서로 견제해 균형을 이루어 남용되지 않게 되고(견제와 균형), 이를 통해 본래 목적인 국민의 자유와 권리를 보장하는 것이다.

이렇게 독립되어 권한을 행사하는 각 국가기관이 법치주의의 수범자다. 우선 국민의 자유와 권리를 제한하거나 국민에게 새로운 의무를 부과하려 할 때는 반드시 국민의 대표기관인 국회가 제정한 법률로써 해야 하고(법률유보), 행정은 법률의 존재를 전제로 그에 따라 행해져야 하며(행정의 법률합치성), 사법도 법률의 존재를 전제로 법률에 따라 행해져야 하며(사법의 법률합치성), 독립된 사법부가(사법부의 독립) 입법권과 사법권을 실질적으로 견제할 수 있어야 한다(사법적 통제). 이를 위해 만들어진 입법부, 행정부, 사법부가 국가의 최고법인 헌법을 준수해야 함은 물론이다(입헌주의). 한편, 법은 명확해야 하고(명확성의 원칙) 소급해서는 안 된다(소급입법 금지의 원칙).

우리 헌법재판소는 박근혜 대통령 탄핵 결정에서 박근혜 대통령의 행위 중 일부가 법치주의를 훼손했다고 판단한 바 있다.

> 피청구인(박근혜 대통령)의 권한 남용에 관하여 살펴보겠습니다. (……) 피청구인은 최서원으로부터 케이디코퍼레이션이라는 자동차 부품 회사의 대기업 납품을 부탁받고 안종범을 시켜 현대자동차그룹에 거래를 부탁했습니다. 피청구인은 안종범에게 문화와 체육 관련 재단법인을 설립하라는 지시를 하여, 대기업들로부터 486억 원을 출연받아 재단법인 미르, 288억 원을 출연받아 재단법인 케이스포츠

를 설립하게 했습니다. (……) 또 피청구인은 롯데그룹 회장을 독대하여 5대 거점 체육 인재 육성 사업과 관련해 하남시에 체육 시설을 건립하려고 하니 자금을 지원해달라고 요구하여 롯데는 케이스포츠에 70억 원을 송금했습니다. (……) 이런 피청구인의 위헌·위법행위는 법치주의 정신을 훼손한 것입니다. 〔2016헌나1〕

대통령은 국가원수이면서 행정부의 수장으로서 법치주의의 수범자다. 그런데 이런 대통령이 이와 같이 법에서 주어지지 않은 권한 행사를 한 것이 법치주의를 위반했다는 것이 헌법재판소의 판단이고, 이것은 탄핵을 인용하는 결정적인 이유 중 하나가 된다.

법은 명확하고 소급하지 않아야

 법은 명확해야 하고(명확성의 원칙) 소급해서는 안 된다(소급입법 금지의 원칙). 이 중 명확성의 원칙이란 법을 지켜야 할 사람과 이를 집행해야 할 사람이 법의 내용을 이해할 수 있을 정도로 법이 명확해야 한다는 원칙이다. 근대 이후 법률은 행위기준이자 평가기준이어야 하는데, 법률이 명확한 용어로 규정되어야 수범자에게 그 제한 내용을 미리 알 수 있도록 공정하게 고지해서 장래의 행동지침을 제공하고, 동시에 법집행자에게 객관적 판단 지침을 주어 차별적이거나 자의적인 법해석을 예방할 수 있기 때문이다. 즉 법률은 명확한 용어로 규정함으로써 수범자가 미리 그 내용을 알 수 있도록 해야 하는데, 법이 무엇을 금지하고 무엇을 허용되는 것인지 시민이 알 수 없다면 법적 안정성과 예측 가능성을 확보될 수 없게 될 것이고, 법집행 당국에 의한 자의적 집행이 가능하게 된다는 것이다. 〔헌재 1998.4.30 95헌가16〕

명확성의 원칙에서 명확성의 정도는 모든 법률에 있어서 동일한 정도로 요구되는 것은 아니고, 개개의 법률이나 법조항의 성격에 따라 요구되는 정도에 차이가 있을 수 있으며, 각각의 구성 요건의 특수성과 그런 법률이 제정되게 된 배경이나 상황에 따라 달라질 수 있다. 일반적으로는 부담적 성격을 가지는 규정은 수익적 성격을 가지는 경우에 비해 더 명확해야 하고, 죄형법정주의가 지배하는 형사법에서는 가장 엄격하고 강화된 명확성이 요청된다. 또한 표현의 자유를 제한하는 법률은 일반적인 법률에 비해 강한 명확성이 요청된다. 표현의 자유는 민주주의를 실현하기 위해 필수적인 질서로서 성격을 가지며, 표현의 자유를 제한하는 명확치 않은 법률은 이른바 위축효과(chilling effect)를 가져오기 때문이다. 반면에 일반적인 법률은 상대적으로 그보다 덜 명확해도 괜찮다. 〔이상 헌재 2000.2.24 98헌바37〕

명확성과 관련해서 우리 헌법재판소는 이른바 '미네르바 사건'에서 "공익을 해할 목적으로 전기통신설비에 의하여 공연히 허위의 통신을 한 자는 5년 이하의 징역 또는 5천만 원 이하의 벌금에 처한다."라고 규정한 전기통신사업법 제47조 제1항을 명확성의 원칙에 위반되어 위헌이라고 판단하며 다음과 같이 판시했다.

이 사건 법률 조항은 표현의 자유에 대한 제한입법이며, 동시에 형벌 조항에 해당하므로, 엄격한 의미의 명확성 원칙이 적용된다. 그런데 이 사건 법률 조항은 "공익을 해할 목적"의 허위의 통신을 금지하는바, 여기서의 "공익"은 형벌 조항의 구성 요건으로서 구체적인 표지를 정하고 있는 것이 아니라, 헌법상 기본권 제한에 필요한 최소한의 요건 또는 헌법상 언론·출판의 자유의 한계를 그대로 법률에 옮겨 놓은 것에 불과할 정도로 그 의미가 불명확하고 추상적이다. 따라서 어떠한 표현 행위가 "공익"을 해하는 것인지 아닌지에 관한 판단은 사람마다의 가치관, 윤리관에 따라 크게 달라질 수밖에 없으며, 이는 판단 주체가 법전문가라 하여도 마찬가지이고, 법집행자의 통상적 해석을 통하여 그 의미 내용이 객관적으로 확정될 수 있다고 보기 어렵다. 나아가 현재의 다원적이고 가치상대적인 사회구조 하에서 구체적으로 어떤 행위 상황이 문제되었을 때에 문제되는 공익은 하나로 수렴되지 않는 경우가 대부분인바, 공익을 해할 목적이 있는지 여부를 판단하기 위한 공익간 형량의 결과가 언제나 객관적으로 명백한 것도 아니다. 결국, 이 사건 법률 조항은 수범자인 국민에 대하여 일반적으로 허용되는 '허위의 통신' 가운데 어떤 목적의 통신이 금지되는 것인지 고지하여주지 못하고 있으므로 표현의 자유에서 요구하는 명확성의 요청 및 죄형법정주의의 명확성 원칙에 위배하여 헌법에 위반된다. 〔헌재 2010.12.28. 2008헌바157, 2009헌바88(병합)〕

한편, 소급입법 금지 원칙이란 행위 당시 이에 적용할 법률이 없었는데 그 행위 후 법률을 만들어 그 행위에 적용해 시민에게 불이익을 주는 것은 허용되지 않는다는 원칙이다. 이것이 허용되면 법을 지켜야 하는 시민의 입장에서 법에 대한 예측 가능성, 즉 현행법에서 허용하는 행위를 하면 제재를 받지 않는다는 법에 대한 신뢰가 훼손된다. 이와 관련해서 우리 헌법은 "모든 국민은 행위 시의 법률에 의하여 범죄를 구성하지 아니하는 행위로 소추되지 아니"하고, "모든 국민은 소급입법에 의하여 참정권의 제한을 받거나 재산권을 박탈당하지 아니한다."라고 규정하고 있다(제13조). 그러나 법치주의 원리가 우리 헌법의 기본 원리로 이해되면 이 법치주의 원리의 내용 중 하나인 소급입법 금지의 원칙은 형벌권 행사, 참정권과 재산권 제한에 국한하지 않고 다른 모든 국가 작용에도 적용되는 일반 원칙이다.

그런데 이런 이유로 소급입법이 금지되어야 하지만, 우리가 공동체의 의사결정을 하다 보면 '예외적으로' 소급입법이 필요한 경우도 있다. 예를 들어 일본 제국주의 당시 일제에 부역해서 얻은 재산을 해방 후 소급입법해서 환수할 수 있어야 하지 않느냐는 질문에 일반 시민의 법감정에 부합하는 답을 제시해야 한다.

이런 이유로 헌법 이론에서는 소급입법 금지를 원칙으로 채택하되 이처럼 현실적으로 소급입법을 해야 하는 예외적인 경우를 설명하기 위해 소급입법 금지 원칙보다 상위에 '신뢰보호 원칙'이라는 것을 이론적으로 정립해서 제시하고 있다. 신뢰보호 원칙에 따르면 소급입법을 적용받아 불이익을 받는 행위자가 그 법이 바뀌어 내가 불이익을 받을 수도 있다고 예상할 수 있는 경우, 법의 상태가 불확실하고 혼란스러워 보호할 만한 신뢰 이익이 가벼운 경우, 그 행위자가 소급입법에 의해 불이익이 없거나 가벼운 경우 등의 예외적인 경우에는 소급입법이 허용될 수 있다고 소급입법의 예외를 허용하는 것이다. 즉 소급입법이 법의 적용을 받는 시민에게 예측 가능성을 부여하기 위해 인정되는 것이므로 이것을 보호할 필요가 없는 경우에는 소급입법을 허용할 수 있다는 것이다.

우리 헌법재판소는 공무원연금법 부칙 제7조 제1항 위헌소원에서 이 부칙이 소급입법 금지의 원칙에 위반되어 위헌이라고 판단했다.

이 사건의 부칙 조항은 이행기가 도래해 청구인들이 퇴직연금을 모두 수령한 부분에까지 사후적으로 소급해 적용되는 것으로서 헌법 제13조 제2항에 의해 원칙적으로 금지되는 이미 완성된 사실·법률관계를 규율하는 소급입법에 해당한다.

헌법재판소의 위 헌법불합치결정에 따라 개선 입법이 이루어질 것이 미리 예정되어 있기는 했으나 그 결정이 내려진 2007년 3월 29일부터 잠정 적용 시한인 2008년 12월 31일까지 상당한 시간적 여유가 있었는데도 국회에서 개선 입법이 이루어지지 않았다. (……) 이미 받은 퇴직연금 등을 환수하는 것은 국가기관의 잘못으로 인한 법집행의 책임을 퇴직 공무원들에게 전가시키는 것이며, 퇴직급여를 소급적으로 환수당하지 않을 것에 대한 청구인들의 신뢰 이익이 적다고 할 수도 없다. (……)

따라서 이 사건 부칙 조항은 헌법 제13조 제2항에서 금지하는 소급입법에 해당하여 소급입법 금지 원칙에 위반해 청구인들의 재산권을 침해한다. 〔헌재 2013.8.29. 2011헌바391등〕

헌법재판소가 판단하기에 이 부칙 조항은 법의 적용을 받는 시민의 예측 가능성을 깨뜨리는 것이고 소급입법 금지 예외를 적용할 사건이 아니어서 소급입법 금지 원칙을 적용해 위헌이라는 것이다.

민주주의만으로는 부족해서

  법학계에서는 민주주의와 법치주의의 관계에 대해 전통적으로 상호 대립적으로 이해하는 견해와 상호 보완적으로 이해하는 견해가 있다고 통용되어 왔다. 즉 민주주의를 다수의 지배로, 법치주의를 다수에 포함되지 못하는 소수를 보호하는 헌법 원리로 이해한다면 양자는 상호 대립적이다. 그러나 민주주의와 법치주의 모두 국민의 기본권 보장을 위한 헌법 원리로 이해되며, 민주주의는 국가의 구성과 운영의 최종적 정당성이 국민에게 있어야 한다는 원리로, 법치주의는 이렇게 형성된 국가의 운영이 법에 따라 안정적으로 이루어지도록 함으로써 민주주의를 보완해야 한다는 원리로 보아 양자는 상호 보완적이라는 것이다.

그러나 민주주의와 법치주의의 관계는 '대립적 관계' 또는 '상호 보완적 관계'라기보다는 '역동적으로 상호작용하는 관계'에 있다고 보는 것이 적절하다. 사회계약이라는 민주주의 요소가 헌법이라는 법치주의 요소를 만들고, 이런 헌법에 따라 국가를 구성하고 운영하는 입헌주의를 채택함에 따라 법치주의가 민주주의를 제약한다. 그리고 헌법에 따라 구성되고 운영하는 국회가 법률이라는 형식으로 입법을 하면 그것은 다시 헌법을 제외하고는 가장 상위이고 중요한 법치주의 요소가 된다.

한편, 이런 법률이 헌법에 위반되는지 여부가 재판의 전제가 된 경우에는 당해 사건을 담당하는 법원은 직권 또는 당사자의 신청에 의한 결정으로 헌법재판소에 위헌 여부 심판을 제청하며, 헌법재판소는 제청된 법률의 위헌 여부를 결정한다. 한편, 법률의 위헌 여부 심판의 제청 신청이 기각된 때는 그 신청을 한 당사자는 헌법재판소에 헌법소원심판을 청구할 수 있다. 이와 같은 위헌법률심판 제도는 국민의 대표로 구성된 국회가 제정한 법률을 헌법에 의해 정당성을 부여받은 헌법재판소가 헌법을 기준으로 그 효력을 결정한다는 점에서 법치주의가 민주주의를 제약하는 것이라고 이해할 수 있다.

정당해산제도도 마찬가지로 법치주의가 민주주의를 제약하는 것이라고 이해할 수 있다. 한편, 국민참여재판 제도는 민주주의가 법치주의를 제약하는 것이라고 이해할 수 있다.

결론적으로 양자는 현상적으로 서로 대립하거나 상호 보완적으로 기능할 수 있다. 그러나 규범적으로는 상호 보완적이어야 하며, 그것을 구체적으로는 '역동적으로 상호작용을 하면서 시민의 자유와 권리를 보호하기 위해 국가를 구성하고 운영하는 두 바퀴'로 이해하고 표현하는 것이 적절하다.

시민과 국가의 관계 3:
복지국가

복지국가란 무엇인가

 복지국가 원리란 국가가 사회문제를 해결하기 위해 적극적인 기능을 수행해서 시민에게 실질적 자유와 평등을 보장하고 인간다운 생활을 할 권리를 보장하는 것을 국가의 과제로 하겠다는 헌법의 기본 원리를 말한다.

 우리 헌법은 사유재산제도를 보장하고 원칙적으로 시장경제 원칙을 채택하면서도 시장에서 생존능력이 없는 국민을 보호하는 것을 또 하나의 헌법 원리로 구체화하고 있다. 이 원리는 기본권과 경제질서에 대한 국가의 조정 권한을 선언하는 형태로 표현되어 있다.

 우리 헌법은 복지국가 원리를 헌법의 기본 원리로 명문으로 규정하고 있지 않지만, 학계의 지배적인 견해는 이를 우리 헌법의 기본 원리로 인정하고 있다. 우리 헌법재판소도 복지국가 원리를 독자적인 우리 헌법의 기본 원리로 명시적으로 인정하고 있다.

복지국가 원리는 자본주의 시장경제 질서와 여기서 발생하는 사회문제를 해결하기 위해 국가가 질서 유지라는 소극적인 기능을 넘어 적극적인 급부 기능을 수행하는 것을 전제로 한다. 그리고 이런 급부 기능을 통해 시민에게 형식적 자유와 평등을 넘어 실질적 자유와 평등을 보장하는 것, 인간다운 생활을 할 권리를 보장하는 것 등을 그 내용으로 한다.

수정자본주의
시장경제 질서

 복지국가 원리를 채택한 논리적이고 현실적인 전제는 경제 영역에서 시장경제 질서를 채택하고 있다는 것이다.

 우리 헌법은 "모든 국민은 거주·이전의 자유를 가진다."(제14조)라고 선언해서 시민이 직업을 찾아 이주하고 그 가까운 곳에 거주할 수 있는 권리를 주고 있다. 그리고 "모든 국민은 직업 선택의 자유를 가진다."(제15조)라고 선언해서 시민이 원하는 직업을 찾아 여기에 지속적으로 종사할 수 있는 권리를 주고 있다. 이를 통해 개인은 소득을 얻어 자신이 원하는 물건과 서비스를 시장에서 자유롭게 구해 행복을 추구하고 삶을 존엄하게 꾸려나가고 그 일부는 재산으로 축적한다. 이것은 "모든 국민의 재산권은 보장된다."(제23조)라는 선언을 통해 권리로 보장된다. 다만 재산권은 다른 기본권과 달리 '사회적 기속성'이 많은 기본권이다. 이런 이유로 우리 헌법은 "(재산권의) 내용과 한계는 법률로 정한다."라고 명시하고(제23조 제1항), "재산권의 행사는 공공복리에 적합하도록 하여야 한다."(제23조 제2항)고 선언하고 있다.

한편, "대한민국의 경제질서는 개인과 기업의 경제상의 자유와 창의를 존중함을 기본으로 한다."(제119조 제1항)라고 선언하고 있다. 이를 통해 우리 헌법이 경제 영역에서 자본주의 시장경제 질서를 채택하고 있다는 것을 좀더 명시적으로 알 수 있다.

그런데 2장에서 살펴본 것처럼 자본주의 시장경제 질서는 시간이 지남에 따라 시민의 가난, 질병, 저임금, 실업 등 다양한 사회 문제를 야기했다. 그리고 자본주의 시장경제 질서가 예상한 것과 달리 이런 사회문제는 '보이지 않는 손'에 의해 해결되지 못했다. 이에 따라 '보이지 않는 손'을 대신해 국가가 나서서 이를 해결해야 한다는 복지국가 사상이 대두되었고, 시간이 지남에 따라 그것은 전 세계적으로 보편적인 공감대를 얻어 각국의 헌법에 수용되어 현재에 이르고 있다.

우리 헌법도 이와 같은 세계적인 경향을 수용해 이미 1948

년 제헌헌법 때부터 자본주의 시장경제 질서를 일부 수정한 수정자본주의 시장경제 질서를 채택하고 복지국가 원리를 헌법적으로 수용했다. 우선 제31조부터 제36조에 걸쳐 여러 가지의 사회권적 기본권을 보장하고 있다. 제31조 교육의 권리, 제32조 근로의 권리, 제33조 근로3권, 제34조 인간다운 생활을 할 권리, 제35조 건강권 등이 그것이다.

또한 헌법은 제119조 제1항에서 "원칙적으로 시장경제 원칙을 경제 영역에서 적용되는 원칙으로 선언하면서, 제2항에서 "국가는 균형 있는 국민경제의 성장 및 안정과 적정한 소득의 분배를 유지하고, 시장의 지배와 경제력의 남용을 방지하며, 경제 주체 간의 조화를 통한 경제의 민주화를 위하여 경제에 관한 규제와 조정을 할 수 있다."라고 선언해서 시장경제의 병리적 현상을 국가의 조정을 통해 시정할 수 있는 조정 권한을 유보하고 있다.

이런 수정자본주의 시장경제 질서를 다양한 경제 영역에서 어떻게 구현할 것인가에 관해서도 제120조 이하 규정을 통해 선언하고 있다. 예를 들어 농업 영역에 있어서는 "국가는 농지에 관하여 경자유전의 원칙이 달성될 수 있도록 노력하여야 하며, 농지의 소작제도는 금지된다."라고 규정하고 "농

업생산성의 제고와 농지의 합리적인 이용을 위하거나 불가피한 사정으로 발생하는 농지의 임대차와 위탁경영은 법률이 정하는 바에 의하여 인정된다."라고 규정해서 입법자의 재량을 줄이고 기본적인 정책을 제시하고 있다(제121조).

우리 헌법재판소는 백화점 셔틀버스 사건에서 우리 헌법의 경제질서가 독일에서 수정자본주의 시장경제 질서를 구체화한 형태인 '사회적 시장경제 질서'라고 판단한 바 있다.

> 우리 헌법은 전문 및 제119조 이하의 경제에 관한 장에서 균형 있는 국민경제의 성장과 안정, 적정한 소득의 분배, 시장의 지배와 경제력 남용의 방지, 경제 주체 간의 조화를 통한 경제의 민주화, 균형 있는 지역경제의 육성, 중소기업의 보호 육성, 소비자보호 등 경제 영역에서의 국가 목표를 명시적으로 규정함으로써, 우리 헌법의 경제질서는 사유재산제를 바탕으로 하고 자유경쟁을 존중하는 자유시장 경제질서를 기본으로 하면서도 이에 수반되는 갖가지 모순을 제거하고 사회복지·사회정의를 실현하기 위하여 국가적 규제와 조정을 용인하는 사회적 시장경제 질서로서의 성격을 띠고 있다.〔헌재 2001. 6. 28. 2001헌마132〕

이런 헌법재판소의 견해는 대체로 타당하다. 그러나 우리 헌법의 경제질서를 특정 국가의 경제질서를 말하는 표현으로 규정지을 필요는 전혀 없다. 이런 의미에서 앞으로 헌법재판소가 우리 헌법의 경제질서를 말하면서 사회적 시장경제 질서로서의 성격을 띠고 있다고 표현하기보다는 그보다 상위 개념이고 일반론적 표현인 수정자본주의 시장경제 질서를 채택하고 있다고 판시할 것을 기대한다.

복지국가 실현의 한계

 복지국가 원리는 이념과 중간 목표를 제시하고 있을 뿐 이를 실현하기 위한 구체적인 제도에 대해서는 아무런 헌법적인 윤곽을 명확하게 제시하지 않는다. 이렇게 복지국가 원리의 구체적 실현은 사회 변화를 인식하고 이에 대응하는 입법자의 권한에 맡겨져 있다. 극단적으로 민주주의 원리와 법치국가 원리에 복지국가 원리가 함몰되어 있는 구체적인 경우에도 그 문제점을 다룰 수 있는 수단이 없다.

 복지국가 원리의 한계를 극복하고 이를 실현하려면 다음과 같은 점을 명심할 필요가 있다.

 첫째, 복지국가 원리의 내용을 헌법의 전체적 이념에 부합하도록 구체화해야 한다. 복지국가 원리의 내용이 구체화되었을 때에야 비로소 입법형성권을 구속할 수 있는 최소 내용을 확보할 수 있고, 이를 근거로 그 최소 내용에 벗어나는 국가 작용을 통제할 수 있는 기준을 마련함으로써 통제가 가능해진다.

둘째, 헌법은 다른 실정법처럼 규범의 일종이므로 행위규범과 평가규범으로서 기능하지만 정치적·교육적 기능이 강한 규범이다. 따라서 복지국가 원리에 대한 국민 인식의 고양은 국가 작용에 비판하고 참여하는 계기가 되므로 이에 대한 헌법 정책적인 노력이 필요하다.

셋째, 그럼에도 여전히 복지국가 원리의 기능은 다른 헌법의 구조 원리들에 비해 제한적이다. 따라서 사회 변화를 인식하고 이를 입법화하는 입법자들에게 강한 기대와 성원, 그리고 비판을 해야 한다.

우리 헌법은 복지국가를 실현하기 위해 국가에 일정한 의무를 부과하면서 동시에 국민에게 생활권적 기본권을 보장해 복지의 혜택을 권리로 보장받을 수 있게 하고 있다. 한편, 복지를 달성하기 위한 수단으로 국가가 경제사회에 아웃풋을 할 수 있도록 시장경제를 천명하면서도 국민의 복지를 실현하기 위해 일정한 범위 안에서 국가가 개입할 수 있도록 규정하고 있다.

이렇게 민주주의 원리와 법치국가 원리는 제도, 조직, 형식, 절차를 그 내용으로 하기 때문에 지적재산권, 특히 저작권과 직접적으로 관련되는 데 반해, 복지국가 원리는 기본적으로 이념과 내용을 간직하고 있을 뿐 이를 실현하기 위한 구체적인 제도에 대해서는 아무런 헌법적인 윤곽을 명확하게 제시하지 않지 않기 때문에 형식적인 윤곽을 형성하는 데 기반이 되는 지적재산권, 특히 저작권과는 직접적으로 관련이 없고 간접적인 관련을 가질 뿐이다. 이런 의미에서 복지국가 원리와 지적재산의 관계는 민주주의 원리와 지적재산, 법치주의 원리와 지적재산의 관계에 비해 상대적으로 관련성이 적다.

— 침해당한 권리의 구제

국가와 다른 시민에 의한 권리침해

　권리침해란 국가기관이나 권리 주체 외의 시민, 다른 나라 등이 시민의 권리를 부당하게 해하는 것을 말한다.

　우리는 다른 사람과 더불어 살기 때문에 공존을 위해 권리를 제한되어야 할 때가 있다. 그러나 국가라도 아무런 조건 없이 권리를 제한할 수 있는 것은 아니다. 예를 들어 우리 헌법은 제37조 제2항에서 "국민의 모든 자유와 권리는 국가안전보장·질서유지 또는 공공복리를 위해 필요한 경우에만 법률로써 제한할 수 있으며, 제한하는 경우에도 자유와 권리의 본질적인 내용을 침해할 수 없다."라고 규정해서 기본권 제한의 요건과 그 한계를 명시하고 있다.

　따라서 국가가 기본권을 제한하려면 국가안전보장, 질서유지, 공공복리라는 공익을 위해 제한해야 한다는 목적 요건, 시민의 대표로 구성된 국회가 만든 법률이라는 법형식에 의해야 한다는 형식 요건, 그 목적을 달성하기 위해 법이 선택한 구체적인 수단이 목적을 달성하기에 적합한 수단이고, 제한받는 시민의 법익을 최소로 침해하며, 법이 달성하려는 공익이 그로 인해 침해되는 사익보다 커야 한다는 과잉금지의 원칙과 같은 방법 요건을 충족해야 한다. 그리고 제37조 제2항은 이 경우에도 기본권의 본질적인 내용을 침해할 수 없다는 한계를 명시하고 있다.

따라서 당해 기본권에 그와 같은 제한이 가해지면 그 기본권을 인정하는 것이 무의미해지는 경우 당해 기본권의 본질적인 내용을 침해하는 것으로 허용될 수 없다.

늘 그런 것은 아니지만, 대부분의 권리 행사는 타인의 권리에 영향을 미치므로 권리 제한은 반드시 필요하다. 예를 들어 갑이 정치 현안에 대해 자유롭게 말할 수 있는 언론의 자유는 대통령 을, 고위공무원 병, 시민운동을 하는 정의 명예권에 영향을 미칠 수 있다. 따라서 이 경우 갑의 언론의 자유와 을, 병, 정의 명예권 간 인권 충돌을 막기 위해 갑의 표현의 자유 제한은 불가피하다. 이런 이유로 국회는 형법 등을 제정해서 갑과 을, 병, 정의 권리의 조화를 위한 구체적인 제한 방법을 미리 규정하고 있다. 따라서 이와 같은 정당한 권리 제한은 부당한 권리침해와 구별해야 한다.

권리침해에 대한
법적 구제 방법

　권리침해에 대한 적절한 구제 방법을 찾으려면 침해 대상인 권리가 어떤 것인지에 대한 이해가 필요하다. 그것이 법적 권리라면 원칙적으로 사법적(司法的) 구제가 가능하다. 그러나 그것이 도덕적 정당성에 기반해 주장되고 있지만 아직 실정법에 의해 인정된 권리가 아니라면 사법적 구제 방법을 찾기 어렵다. 이런 경우 국가인권위원회에 진정하는 등의 구제, 법에서 인정하고 있는 표현의 자유, 청원권 등을 행사를 통한 구제를 고려해야 한다. 그리고 특정한 법 또는 정책이 부정의하거나 헌법질서가 파괴되어 국가가 불법국가로 전락해 인권이 침해되는 특수한 경우 시민불복종이나 저항권과 같은 법 밖의 구제를 고려해야 한다.

권리침해에 대한 구제 방법은 그 구제 방법이 법적인 것인지 법적인 것이 아닌지, 법적인 것이라면 그것이 국내법적인 것인지 국제법적인 것인지, 그리고 사법적인 것인지 비사법적인 것인지, 누가 인권을 침해했는지 또는 누가 인권침해를 구제하는지 등을 기준으로 살펴볼 수 있다.

우선, 권리가 침해되었을 때 이에 대한 구제는 법적인 구제가 실효적이다. 이 중 국내법적 구제는 그 침해 주체가 누구냐에 따라 국가기관이 침해한 경우와 권리 주체 외의 시민이 침해한 경우로 나누어 살펴보는 것이 일반적이다.

국가기관이 권리를 침해한 경우는 다시 입법기관이 침해한 경우, 집행 기관이 침해한 경우, 사법기관이 침해한 경우로 나눌 수 있다. 입법기관이 권리를 침해하는 경우는 당해 권리가 기본권인 경우 헌법재판소에 위헌법률심판 또는 헌법소원 등의 사법적 구제를 고려해볼 수 있다. 그리고 사법적 구제는 아니지만 법에서 인정하고 있는 표현의 자유, 청원권 등을 행사해 인권침해에 따른 구제를 받을 수 있다.

집행 기관이 권리를 침해하는 경우 가장 전형적인 사법적 구제 수단은 법원에 행정소송을 제기하는 것이다. 그리고 당해 권리가 기본권인 경우 헌법재판소에 헌법소원을 고려해볼 수 있다. 그리고 사법적 구제는 아니지만 국가인권위원회에 진정함으로써 구제받을 수 있다. 법에서 인정하고 있는 표현의 자유, 청원권, 행정기관에 민원 등으로 권리침해에 대해 구제받을 수도 있다.

법원이 권리를 침해하는 경우 가장 전형적인 사법적 구제 수단은 헌법소원이다. 그러나 우리 헌법재판소법 제68조 제1항은 법원의 재판을 헌법소원의 대상에서 제외하고 있으므로 헌법재판소가 결정례로 인정하는 아주 좁은 경우에만 헌법소원이 가능하다. 그 밖에 상소, 재심, 비상상고 등의 절차에 의해 제한적으로 구제가 가능하다.

한편, 헌법재판소가 권리를 침해하는 경우는 원칙적으로 사법적인 구제 수단이 없다. 사법기관이 권리를 침해한 경우 사법적인 구제 수단이 상대적으로 적다. 따라서 이 경우 표현의 자유 등이 더욱 긴요하다.

권리 주체 외의 시민이 권리를 침해한 경우 그것이 범죄인 경우 고소, 고발을 통해 형벌 또는 보안처분을 받도록 할 수 있다. 그리고 그것이 민법상 불법행위인 경우 손해배상청구권을 행사함으로써 구제받을 수 있다. 우리 국가인권위원회법은 시민이 다른 시민의 평등권을 침해하는 경우 국가인권위원회에 진정할 수 있도록 규정해 아주 제한적으로 국가인권위원회를 통한 구제를 허용하고 있다.

한편, 국제법의 구제는 그 근거 또는 보장 주체가 국제연합헌장에 따른 국제연합이냐, 개별 인권 조약에 따라 설립된 기구이냐에 따라 나누어 살펴보는 것이 일반적이다. 국제연합헌장에 따른 국제연합의 주요 기관이 수행하는 절차는 인권침해 상황이 지속되는 것을 막거나 개선하는 것을 주된 목적으로 한다.

국제연합 인권위원회는 인권침해가 발생했을 경우 '1235절차', '1503절차', '특별절차'에 따라 대응한다. 인권 조약 중 '시민적·정치적 권리 규약' 등 7대 주요 인권 조약은 인권 실현을 위한 조약 기구와 이행 절차를 담고 있다. 경제적·사회적·문화적권리위원회(CESCR), 시민적·정치적권리위원회(CCPR) 등이 그것이다. 그리고 이행 절차는 국가보고절차, 조사절차, 국가간통보절차, 개인통보절차가 있다. 그러나 국제법은 국내법에 비해 제재 수단이 미약해서 아직은 상대적으로 실효성이 떨어진다. 따라서 권리침해에 대한 국제법적 구제는 시민의 관심과 참여를 통해 앞으로 실효성을 더욱 높여야 할 것이다.

권리침해에 대한 법 외의 구제 방법

 특정한 법 또는 정책이 부정의하거나 헌법질서가 파괴되어 국가가 불법국가로 전락한 예외적인 경우 시민불복종이나 저항권 등의 구제 방법이 동원될 수 있다.

 시민불복종이란 정부의 정책이나 법률에 어떤 변화를 가져오려는 의도하에 법에 반대해서 행해지는 공적·비폭력적·양심적 행위나(존 롤즈의 정의). 역사적으로는 인두세에 불복종했던 소로우의 행위, 마틴 루터 킹 목사에 의한 흑인 민권운동, 베트남 참전에 반대하는 반전운동, 우리나라에서는 총선시민연대의 낙천낙선운동이 시민불복종의 대표적인 예로 다루어진다.

 우리 대법원은 총선시민연대의 낙천낙선운동 사건에서 시

민불복종 개념을 인정하고 이에 해당하는 경우 형법상 정당행위에 해당해 위법성이 조각될 여지를 인정하면서도 총선시민연대의 행위는 시민불복종의 행사에 해당하지 않는다고 판단했다.

> 피고인들이 확성장치 사용, 연설회 개최, 불법행렬, 서명날인운동, 선거운동 기간 전 집회 개최 등의 방법으로 특정 후보자에 대한 낙선운동을 함으로써 공직선거법에 의한 선거운동제한 규정을 위반한 피고인들의 이 사건 공직선거법 위반의 각 행위는 위법한 행위로서 허용될 수 없는 것이고, 피고인들의 위 각 행위가 피고인들이 주장하듯이 시민불복종운동으로서 헌법상의 기본권 행사 범위 내에 속하는 정당행위이거나 형법상 사회상규에 위반되지 아니하는 정당행위 또는 긴급피난의 요건을 갖춘 행위로 볼 수는 없다 할 것이다. [대법원 2004.4.27. 선고 2002도315 판결]

그리고 총선시민연대의 낙선운동으로 손해를 입은 자들이 제기한 민사소송에서 "원심이 낙선운동 행위를 시민불복종운동으로서 정당행위 및 사회상규에 위반되지 않는 정당행위 또는 긴급피난에 해당한다고 볼 수 없다고 판단한 것은 정당하며, 낙선운동을 한 행위는 그 낙선운동으로 인하여 원고가 낙선했는지 여부에 관계없이 인격권을 침해한 것이므로 원고가 입은 정신적 고통에 대하여 위자료를 지급할 의무가 있다."라고 판단했다. 〔대법원 2004.11.12. 선고 2003다52227 판결〕

한편, 저항권이란 공권력의 행사자가 민주적 기본질서를 침해하거나 파괴하려는 경우 이를 회복하기 위해 국민이 공권력에 폭력·비폭력, 적극적·소극적으로 저항할 수 있는 권리다.

우리 헌법재판소는 통합진보당 해산 사건에서 저항권을 국민의 권리이며 헌법수호제도로 인정하면서도 통합진보당의 행위는 저항권의 행사에 해당하지 않는다고 판단했다.

저항권은 공권력의 행사자가 민주적 기본질서를 침해하거나 파괴하려는 경우 이를 회복하기 위해 국민이 공권력에 폭력·비폭력, 적극적·소극적으로 저항할 수 있다는 국민의 권리이자 헌법수호제도를 의미한다. 하지만 저항권은 공권력의 행사에 대한 '실력적' 저항이어서 그 본질상 질서 교란의 위험이 수반되므로, 저항권의 행사에는 개별 헌법 조항에 대한 단순한 위반이 아닌 민주적 기본질서라는 전체적 질서에 대한 중대한 침해가 있거나 이를 파괴하려는 시도가 있어야 하고, 이미 유효한 구제 수단이 남아 있지 않아야 한다는 보충성의 요건이 적용된다. 또한 그 행사는 민주적 기본질서의 유지, 회복이라는 소극적인 목적에 그쳐야 하고 정치적·사회적·경제적 체제를 개혁하기 위한 수단으로 이용될 수 없다.

이 요건에 따라 피청구인 주도 세력의 주장을 살펴보면, 우선적으로 그들은 저항권에 '의한' 집권을 주장하고 있다. 그러나 저항권은 민주적 기본질서의 유지와 회복에 있을 뿐 집권이라는 적극적인 목적에는 사용될 수 없으므로, 이 부분은 저항권 행사가 폭력수단에 의한 집권을 의미하는 것은 아닌지 의심된다. 물론 이런 주장을 헌법상 인정될 수 있는 이른바 저항권적 상황에서 저항권을 행사해 기존의 위헌적인 정권을 물러나게 함으로써 민주적 기본질서를 회복하고 그 이후에 민주적인 방법에 의한 집권을 하겠다는 취지로 해석할 여지가 없지는 않다. 그러나 저항권에 의한 집권을 선거에 의한 집권과 함께 지속적으로 주장하는 것은 민주적 기본질서에 대한 전반적인 침해 내지 파괴에 이르지 못하는 경우에도 저항권의 행사를 염두에 둔 것으로 보인다.〔헌재 2014. 12. 19. 2013헌다1〕

이 판례로 보았을 때 우리 헌법재판소와 대법원은 시민불복종과 저항권과 같은 권리 구제 수단에 대해서는 그 존재 자체는 인정하고 태도를 취하고 있으나 실제로 이것의 해당 여부가 다투어지는 사건에서는 이를 인정하고 있지는 않다고 판단할 수 있다.

그럼에도 이와 같은 권리의 행사를 통해 개인이 부당하다고 판단한 현실에 대해 표현해서 이 현실의 모순을 다른 시민에게 알리고 이를 통해 정치적·사회적 지지를 받아 사실상 원하는 목적을 달성할 가능성은 여전히 열려 있으므로 이런 시도는 의미가 있다고 할 수 있고, 앞으로도 계속될 것으로 전망된다.

———— 법은 도덕을 강제할 수 있는가

법과 도덕의 관계, 간통죄 처벌

1장에서 법은 도덕, 윤리, 종교 규범, 관습 등과 같은 사회 규범 중 하나이지만 이를 위반했을 때 제재할 수 있는 '강제성'이 있는 규범이라는 점에서 다른 사회규범과 다르다는 점을 설명했다.

그렇다면 법과 도덕은 무관한가? 형법 제250조 살인죄가 규정될 수 있었던 배경에는 옛날부터 "사람을 귀하게 여겨라.", "사람을 살해하지 말라."라는 도덕, 윤리, 종교 규범이 있었기 때문이라고 짐작해본다면 법과 도덕이 무관하지 않다는 것을 잘 알 수 있다.

그렇다면 자연스럽게 '법으로 도덕을 강제할 수 있을까?'라는 의문이 든다. 일단 "사람을 살해하지 말라.", "사람을 때리지 말라.", "도둑질하지 말라."와 같은 도덕이라면 그것을 법으로 강제하더라도 보통 사람들이라면 별 저항 없이 받아들일 것이라고 생각해볼 수 있다. 그러나 "사람을 귀하게 여겨라.", "어려운 상황에 처한 사람을 보면 도와라."와 같은 도덕을 법으로 강제하는 법을 만든다면 보통 사람들조차 의문을 제기할 것이다. "이게 법으로 강제할 사항인가?"

이와 관련해 우리 사회에서 논란이 많은 사항 중 하나가 형법에 간통죄를 두어야 하는가? 즉 간통행위를 형법으로 처벌하는 것이 적절한가? 이다.

우선 우리 형법은 1953년 9월 18일 제정되고 10월 3일 시행된 이래 다음과 같은 간통죄를 계속 규정하고 있었다.

형법 제241조(간통)
① 배우자 있는 자가 간통한 때에는 2년 이하의 징역에 처한다. 그와 상간한 자도 같다.
② 전 항의 죄는 배우자의 고소가 있어야 논한다. 단, 배우자가 간통을 종용 또는 유서한 때에는 고소할 수 없다.

이와 관련해서 우리나라 헌법재판소는 1990년(헌재결

1990.9.10. 89헌마82), 1993년(헌재결 1993.3.11. 90헌가70), 2001년(헌재결 2001.10.25. 2000헌바60), 2008년(헌재결 2008.10.30..2007헌가17) 총 네 차례에 걸쳐 합헌으로 결정했다. 그러나 지난 2015년 판례(헌재결 2015.2.26. 2009헌바17·205 등)를 변경해서 위헌결정을 했다. 이 판결은 재판관 9명 중 7명 위헌, 7명 합헌으로 위헌결정이 내려졌다. 이 판결에서 5명의 재판관은 다음과 같이 판시하며 위헌이라고 판단했다.

> 사회구조 및 결혼과 성에 관한 국민의 의식이 변화되고, 성적 자기결정권을 보다 중요시하는 인식이 확산됨에 따라 간통행위를 국가가 형벌로 다스리는 것이 적정한지는 이제 더 이상 국민의 인식이 일치한다고 보기 어렵고, 비록 비도덕적인 행위라 할지라도 본질적으로 개인의 사생활에 속하고 사회에 끼치는 해악이 그다지 크지 않거나 구체적 법익에 대한 명백한 침해가 없는 경우에는 국가권력이 개입해서는 안 된다는 것이 현대 형법의 추세여서 전 세계적으로 간통죄는 폐지되고 있다. 또한 간통죄의 보호법익인 혼인과 가정의 유지는 당사자의 자유로운 의지와 애정에 맡겨

야지, 형벌을 통해 타율적으로 강제될 수 없는 것이며, 현재 간통으로 처벌되는 비율이 매우 낮고, 간통행위에 대한 사회적 비난 역시 상당한 수준으로 낮아져 간통죄는 행위규제규범으로서 기능을 잃어가고, 형사정책상 일반예방 및 특별예방의 효과를 거두기도 어려워졌다. 부부간 정조의무 및 여성 배우자의 보호는 간통한 배우자를 상대로 한 재판상 이혼 청구, 손해배상청구 등 민사상의 제도에 의해 보다 효과적으로 달성될 수 있고, 오히려 간통죄가 유책의 정도가 훨씬 큰 배우자의 이혼 수단으로 이용되거나 일시 탈선한 가정주부 등을 공갈하는 수단으로 악용되고 있기도 하다. 결국 심판대상 조항은 과잉금지 원칙에 위배해서 국민의 성적 자기결정권 및 사생활의 비밀과 자유를 침해하는 것으로서 헌법에 위반된다.

그리고 1명의 재판관은 다음과 같이 판시하며 위헌이라고 판단했다.

간통죄의 본질은 자유로운 의사에 기하여 혼인이라는 사회제도를 선택한 자가 의도적으로 배우자에 대한 성적 성실

의무를 위배하는 성적 배임행위를 저지른 데 있다.

혼인 생활을 영위하고 있는 간통행위자 및 배우자 있는 상간자에 대한 형사처벌은 부부간의 성적 성실의무에 기초한 혼인제도에 내포되어 있는 사회윤리적 기본질서를 최소한도로 보호하려는 정당한 목적 하에 이루어지는 것으로서 개인의 성적 자기결정권에 대한 과도한 제한이라고 하기 어렵다. 그러나 사실상 혼인 관계의 회복이 불가능한 파탄 상태로 인해 배우자에 대한 성적 성실 의무를 더 이상 부담하지 않는 간통 행위자나 미혼인 상간자의 상간 행위같이 비난 가능성 내지 반사회성이 없는 경우도 있다.

그럼에도 불구하고, 심판대상 조항이 일률적으로 모든 간통행위자 및 상간자를 형사처벌하도록 규정한 것은 개인의 성적 자기결정권을 과도하게 제한하는 국가형벌권의 과잉 행사로서 헌법에 위반된다.

또 다른 1명의 재판관은 다음과 같이 판시하며 위헌이라고 판단했다.

간통 및 상간 행위가 내밀한 사생활의 영역에 속하는 것이라고 해도 이에 대한 법적 규제를 할 필요성은 인정되고, 그에 대한 규제의 정도는 원칙적으로 입법자가 결정할 사항이므로, 입법자가 간통행위를 예방하기 위해 형벌이라는 제재 수단을 도입한 것이 그 자체로 헌법에 위반된다고 볼 수는 없다.

그러나 형법은 간통죄를 친고죄로 규정하면서, 배우자의 종용이나 유서가 있는 경우 간통죄로 고소할 수 없도록 규정하고 있는데, 소극적 소추 조건인 종용이나 유서의 개념이 명확하지 않아 수범자인 국민이 국가 공권력행사의 범위와 한계를 확실하게 예측할 수 없으므로 심판대상 조항은 명확성 원칙에 위배되며, 간통 및 상간 행위에는 행위의 태양에 따라 죄질이 현저하게 다른 수많은 경우가 존재함에도 반드시 징역형으로만 응징하도록 한 것은 구체적 사안의 개별성과 특수성을 고려할 수 있는 가능성을 배제 또는 제한해 책임과 형벌 간 비례의 원칙에 위배되어 헌법에 위반된다.

반면 2명의 재판관은 다음과 같이 판단하며 합헌이라고 판단했다.

간통은 일부일처제에 기초한 혼인이라는 사회적 제도를 훼손하고 가족공동체의 유지·보호에 파괴적인 영향을 미치는 행위라는 점에서 개인의 성적 자기결정권의 보호 영역에 포함되어 있다고 보기 어렵다.

배우자 있는 자의 간통 및 그에 동조한 상간자의 행위는 단순한 윤리적·도덕적 차원의 문제를 넘어서 사회질서를 해치고 타인의 권리를 침해하는 것이라고 보는 우리 사회의 법의식은 여전히 유효하다. 특히 간통죄의 폐지는 우리 사회 전반에서 성도덕 의식의 하향화를 가져오고 성도덕의 문란을 초래할 수 있으며, 그 결과 혼인과 가족 공동체의 해체를 촉진시킬 수 있다는 점에서, 간통죄를 형사처벌하도록 한 입법자의 판단이 자의적인 것이라고 보기는 어렵다. 부부 공동생활이 파탄되어 회복될 수 없을 정도의 상태에 이르러 더 이상 배우자에 대한 성적 성실의무를 부담한다고 볼 수 없는 경우에는 간통 행위가 사회윤리 내지 사회상규에 위배되지 아니하는 행위로서 위법성이 조각될 여지가 있으므로 과잉처벌의 문제는 발생하지 않을 수 있다.

심판대상 조항은 징역형만을 규정하고 있으나 법정형의 상한 자체가 높지 않아 지나치게 과중한 형벌을 규정하고 있다고 볼 수 없고, 벌금형에 의할 경우 간통 행위자에게 위하력을 가지기 어려우므로 형벌체계상 균형에 반하는 것이라고 할 수도 없다.

또한 현행 민법상의 제도나 재판 실무에 비추어보면, 간통죄를 폐지할 경우 수많은 가족공동체가 파괴되고 가정 내 약자와 어린 자녀들의 인권과 복리가 침해되는 사태가 발생하는 것을 우려하지 않을 수 없다.

따라서 심판대상 조항은 과잉금지 원칙에 위반된다고 할 수도 없다.

이 판결에 따라 형법 제241조는 효력을 잃었다. 제정된 지 62년 만의 일이다.

법을 통한 도덕 강제의
조건과 한계

 이 결정은 도덕과 법에 관해 우리에게 다음과 같은 몇 가지를 생각해보게 한다.

 첫째, 도덕 또는 윤리는 법의 정당성의 원천이다. 위헌결정을 한 재판관 5인은 "우리 사회에서 혼인한 남녀의 정조 유지가 전통윤리로 확립되어 있었고, 일부일처제의 유지와 부부간의 정조의무 역시 도덕 기준의 하나로 정립되어 왔다."라고 판시했다. 이것은 형법 제241조의 과거 정당성을 전통윤리에서 찾은 것이다. 둘째, 도덕을 법으로 강제할 수 있으려면 사회에 끼치는 해악이 크고 구체적 법익에 대한 명백한 침해가 있어야 한다.

 위헌결정을 한 재판관 5인은 "사회구조 및 결혼과 성에 관한 국민의 의식이 변화되고, 성적 자기결정권을 보다 중요시하는 인식이 확산됨에 따라 간통 행위를 국가가 형벌로 다스리는 것이 적정한지는 이제 더 이상 국민의 인식이 일치한다고 보기 어렵고, 비록 비도덕적인 행위라 할지라도 본질적으로 개인의 사생활에 속하고 사회에 끼치는 해악이 그다지 크지 않거나 구체적 법익에 대한 명백한 침해가 없는 경우에는 국가권력이 개입해서는 안 된다는 것이 현대 형법의 추세여서 전 세계적으로 간통죄는 폐지되고 있다."라고 판시했다. 이것은 존 스튜어트 밀이 제시한 '해악의 원리'를 발전시킨 논리다.

해악의 원리는 다음 두 가지를 내용으로 한다. 첫째, 개인의 행위가 타인의 이익과 관련이 없으면 그는 자신의 행위에 책임을 질 필요가 없다. 둘째, 개인의 행위가 타인의 이익을 해하는 행위이면 사회는 이를 처벌할 수 있다. 셋째, 도덕을 법으로 강제할 수 있으려면 타인의 이익을 해하는 행위라는 것 외에 추가적인 조건이 필요하다. 그것이 옳지 않은 행위인지 물을 수 있고 옳지 않은 행위라고 대답해야 한다.

도덕적인 판단에는 좋은가 나쁜가, 옳은가 옳지 않은가라는 두 차원의 문제가 있다. 예를 들어 "사람을 살해하지 말라.", "사람을 때리지 말라.", "도둑질하지 말라."와 같은 도덕을 지키거나 지키지 않는 것이 좋은가 나쁜가를 묻는다면 우리는 주저하지 않고 지키는 것이 좋은 것이고, 지키지 않는 것이 나쁜 것이라고 대답할 것이다. 그리고 이것을 지키는 것과 지키지 않는 것이 옳은가 옳지 않은가를 묻는다면 우리는 주저하지 않고 지키는 것이 옳은 것이고, 지키지 않는 것이 옳지 않은 것이라고 대답할 것이다.

"사람을 귀하게 여겨라.", "어려운 상황에 처한 사람을 보면 도와라."와 같은 도덕을 지키는 것과 지키지 않는 것이 좋으냐 나쁘냐를 묻는다면 우리는 주저하지 않고 지키는 것이 좋은 것이고, 지키지 않는 것이 나쁜 것이라고 대답할 것이다. 그러나 이것을 지키는 것과 지키지 않는 것이 옳으냐 옳지 않으냐를 묻는다면 우리는 첫 질문과 다르게 대답하는 데 주저할 것이다.

과연 우리는 "사람을 귀하게 여겨라."라는 도덕을 지키지 않은 것이 옳지 않은 것이라고 자신 있게 말할 수 있을까? 도덕에도 일종의 '급수'가 있다. 어떤 생각을 하고 어떤 생활 방식으로 사는 사람이든 누구나 그것을 지키는 것은 좋은 것일 뿐 아니라 옳은 것이고, 그것을 지키지 않는 것은 좋지 않은 것뿐 아니라 옳지 않은 것이고 느끼는 도덕이 있다. 그러나 어떤 도덕은 개인의 생각과 생활방식에 따라 당해 도덕의 '도덕성'이 의심받는 도덕이 있다.

그렇다면 "혼인해서 배우자가 있는 자가 배우자 외의 자와 부정한 행위를 하지 말아야 한다."라는 도덕은 법으로 강제할 수 있는 도덕인가? 여러분은 어떻게 생각하는가?

─── 법은 사회문제를 해결할 수 있는 수단

정책적 관점에서 바라본 법

'법은 사람의 권리를 보장하기 위한 기능'을 수행하고, '공동체를 만들고', '질서를 유지하는 기능'을 수행한다. 또한 법은 시민이 어떤 행위를 하기 전에 어떻게 행동해야 하는지 알려주는 '행위규범'으로 기능하며, 위법한 행위를 한 후에는 '평가규범'으로 기능한다. 이로써 시민은 '미래에 대한 예측 가능성'을 가질 수 있다.

전통적으로 법은 사회규범이므로 "사람을 살해한 자는 사형, 무기 또는 5년 이상의 징역에 처한다."처럼 규범적 관점에서 필요한 내용이 주요 내용이었다. 그러나 국가가 다양한 기능도 수행해야 하는 현대에 와서 법은 도로교통법 "차마(車馬)의 운전자는 도로(보도와 차도가 구분된 도로에서는 차도를 말한다.)의 중앙(중앙선이 설치되어 있는 경우에는 그 중앙선을 말한다.) 우측 부분을 통행해야 한다."(제13조 제3항)는 규정과 같이 가치 관련적 성격이 옅은 내용이 점차 많아지고 있다고 했다. 현대에는 법은 사회문제를 해결하는 기능을 수행하는 수단이라는 정책적 관점이 일반화되고 있다.

그런데 정책적 관점에서 법을 바라볼 때는 고려해야 할 것이 있다.

사회적으로 어떤 문제가 생겼을 때 이를 해결하기 위해 우리가 동원할 수 있는 수단은 무엇이 있을까?

예를 들어보자. 아이들이 포르노물을 보는 것은 성장에 악영향을 미치고 또 다른 사회적인 문제점을 야기하는 것으로 일반적으로 알려져 있다. 따라서 아이들이 포르노물을 보는 것을 사회적으로 규제할 필요가 있다. 더욱이 인터넷이 발달해 이를 통해 포르노물이 광범위하게 유포되면서 이 문제를 어떻게 해결할 것인가가 더욱 사회적인 문제가 되고 있다.

이 문제를 해결하려면 아이들이 포르노물을 보는 것에 영향을 미치는 제약 요인을 찾아 적절히 대응하는 것이 필요하다. 이런 요인에는 다음과 같은 것들을 생각해볼 수 있다.

가장 먼저 법을 생각해볼 수 있다. 우리나라는 현재 형법

제243조, 정보통신망 이용촉진 및 정보보호 등에 관한 법률 제41조, 제42조, 제42조의2, 제62조, 제65조 등을 통해 음란물 유통을 규제하고 있다.

그다음으로 법을 제외한 다른 사회규범을 생각해볼 수 있다. 법규범에 의한 처벌 이전에 사회는 전반적으로 아이들에게 포르노물을 파는 사람에게 돈벌이를 위해 도덕적으로 타락한 행위를 하고 있다는 비난을 가할 것이다. 이런 사회적 시각이 포르노물 판매를 억제하는 것은 의심의 여지가 없다.

부모나 학교 선생님들은 아이들이 포르노물을 보는 것에 죄의식을 심어준다. 아이들은 대부분 포르노물을 구하는 과정이나 시청 과정에서 죄의식을 느낀다. 또한 사회규범은 아이들을 포르노물로부터 보호하는 정책을 뒷받침한다.

사회가 점점 전문화되고 복잡해져서 이런 법과 법을 제외한 다른 사회규범을 교육하고 홍보하는 것도 독립된 하나의 기능의 되었다. 우리나라에서는 교육부, 과학기술정보통신부, 여성청소년가족부, 방송통신심의위원회 등이 아이들이 유해정보를 접하지 않도록 정보환경을 조성하고 법과 법을 제외한 다른 사회규범을 교육·홍보하는 기능을 담당하고 있다.

시장 역시 아이들이 포르노물을 접하는 것을 제약하는 요인 중 하나다. 시장에서 포르노물은 하나의 상품으로 유통된다. 이 상품을 구입하려면 돈이 필요하다. 포르노물 가격이 포르노물 시청에 제한을 가하는 것이다. 대체로 아이들은 자신이 처분할 수 있는 많은 돈을 갖고 있지 못하다. 포르노물 판매자들은 지불능력에 따라 차별하기 때문에 결과적으로 아동들이 포르노물을 구입하지 못하도록 협조하는 것이다.

마지막으로 구조를 생각해볼 수 있다. 현실공간에서 아이들은 자신을 어른인 것처럼 위장하고 포르노물을 구입하는 것이 매우 어렵다. 대면구조를 취하는 현실공간은 어린이들이 포르노물을 구입해 시청하는 것을 비교적 효과적으로 규제한다.

이렇게 사회적으로 바람직하지 못하다고 판단되는 사회문제가 발생했을 때 그것에 영향을 미치는 제약 요인과 우리가 동원할 수 있는 규율 수단은 법, 법을 제외한 다른 사회규범, 교육·홍보, 시장, 구조 등을 생각해볼 수 있다. 따라서 우리가 사회적으로 바람직하지 못하다고 평가되어 우리의 규율을 필요로 하는 사회문제를 접하는 경우에는 늘 규율 수단을 고려해야 할 것이다.

사회문제를 해결할 수 있는 다른 수단

그렇다면 현실공간에서의 규율 수단과 사이버공간에서의 규율 수단은 어떻게 다른가? 그것은 규율 환경의 차이에서 연유한다.

현행 형법은 제243조에서 음란물 유통을 금지하고 있다. 그러나 이 형법 제243조로는 사이버공간에서 유통되는 음란물을 규율할 수 있을지가 의문스러웠고, 실제로 우리 대법원은 "형법 제243조는 음란한 문서, 도화, 필름 기타 물건을 반포, 판매 또는 임대하거나 공연히 전시 또는 상영한 자에 대한 처벌 규정으로서 피고인들이 판매했다는 컴퓨터 프로그램파일은 위의 법에서 규정하고 있는 문서, 도화, 필름 기타 물건에 해당한다고 볼 수 없"어 형법 제243조는 적용할 수 없다고 해서, 형법 제243조로는 사이버공간에서 유통되는 음란물을 규율할 수 없다고 판시했다.〔대판 1999.2.24. 98도3140〕 이런 입법의 흠결을 막기 위해 우리 입법부는 정보통신망 이용촉진 및 정보보호 등에 관한 법률 제65조 제1항 제2호를 규정해 사이버공간을 통해 유통되는 음란물에 대처하고 있다.

그다음으로 법을 제외한 사회규범의 측면을 보자. 사회규범의 측면에서 보면 근본적인 차이는 없어 보인다. 차이가 있다면 인터넷을 통해 포르노물이 널리 퍼져 있고, 이 때문에 어른이나 아이들이나 포르노물에 대한 경계심이 느슨해졌다고 생각할 수 있다. 따라서 포르노물을 파는 사람이나 아이들의 죄의식이 다소 약해졌다고 추측해볼 수도 있다.

교육·홍보의 측면도 근본적인 차이는 없어 보인다. 차이가 있다면 사회 구성원에게 교육과 홍보의 수단으로 인터넷이라는 간편하고 저렴하면서도 효과적인 수단을 이용할 수 있다는 것이다. 실제로 방송통신심의위원회에서는 홈페이지와 연계해 디지털 성범죄 교육 등을 하고 있다.

시장이라는 제약 요인의 변화는 앞의 두 변화보다 좀더 크다. 정보통신기술의 발달로 포르노물을 복제하는 비용은 거의 들지 않는다. 유통 비용 역시 현저히 적게 든다. 이에 따라 시장에서 포르노물의 가격은 굉장히 싸졌다. 과거에 포르노 비디오테이프 한 개 값이면 이제는 포르노 사이트에 가입해서 한 달 동안 그 사이트의 모든 포르노물을 실컷 볼 수가 있다.

더구나 이렇게 복제와 유통 비용이 거의 없기 때문에 웬만한 포르노물은 공짜로 구할 수도 있다. 따라서 시장이라는 제약 요인은 이 문제에 제약의 정도가 현저히 약화되었고, 따라서 효과적인 규율 수단이 되지 못했다.

마지막으로 구조를 생각해보자. 현실공간에서 아이들의 포르노물 구입을 규제하는 가장 결정적 제약 요인은 아이들이 자신이 성인이라는 것을 위장하기 어렵다는 점이다. 그러나 사이버공간에서는 이런 구조가 근본적으로 변화했다. 초기 사이버공간에서 아이들은 자신의 신분을 밝힐 필요조차 없었다. 그 결과 우리 모두가 알고 있는 것처럼 아이들이 포르노에 무방비로 노출된 것이었다.

사회는 이 문제에 대해 먼저 신원확인제도를 도입했다. 포르노물을 취급하는 사이트에 들어가려면 자신이 성인이라는 것을 확인받고 들어가도록 한 것이다. 그러나 로그인 방식과 같은 신원확인제도는 아이들이 아버지나 어머니의 신원을 이용해 자신이 성인인 것처럼 속여 포르노물에 접하는 것에는 효과적이지 못했다. 그래서 수호천사와 같은 응용소프트웨어를 만들어 아이들이 포르노물에 접근하는 것을 전보다 효과적으로 봉쇄할 수 있게 되었다.

이와 같은 예는 우리에게 무엇을 말해주는가? 그것은 사이버공간에서 어떤 사회문제가 발생했을 때 우리가 어떻게 그것을 해결해야 할 것인지를 알려준다. 법학자나 법 실무가들은 사회문제가 발생하면 그것을 법이라는 수단으로 해결하려 한다. 하지만 사회문제를 효율적으로 해결하려면 법이라는 요인뿐만 아니라 이 문제에 영향을 끼치는 다른 요인들도 고려해 이를 규율 수단으로 활용해야 한다. 법은 그런 수단 중 하나일 뿐이다. 특히 사이버공간에서는 '구조'와 그 구조를 결정하는 '기술'에 주목해야 한다.

사이버스페이스법학 연구로 유명한 로렌스 레식 하버드법과대학원 교수는 사이버공간의 법학적 연구와 대안 제시를 위한 전제로 두 가지 코드의 개념을 제시한다. '동부 연안 코드'와 '서부 연안 코드'가 그것이다. '동부 연안 코드'란 의회가 제정한 성문법을 의미하며, '서부 연안 코드'란 사이버공간을 작동하게 하는 소프트웨어와 하드웨어 내부에 새겨져 있는 명령을 의미한다. 그의 비유는 성문법 제정이 주로 미국의 동부 연안에 있는 워싱턴을 중심으로 이루어지고, 기술적 코드 제작은 주로 미국의 서부 연안에 있는 실리콘밸리, 레드먼드 등을 중심으로 이루어지는 데 착안한 것이다.

사회문제를 해결하고자 할 때, 현실공간에서는 단지 법이라는 것에 초점을 둠으로써 많은 문제를 해결할 수 있었지만, 정보통신기술의 발전에 기반한 정보사회에서는 기술적인 변화까지도 충분히 고려해야만 한다는 것이다. 그에 따르면 사이버공간에서는 기술적 요소인 '코드'가 법과 유사한 역할을 한다.

오늘날 법률가들의 난폭함에는 차이가 있다. 그런 차이는 코드에서 연유한다. 코드라는 것은 동부 연안 코드 제작자(워싱턴의 입법자들)에 의해 구조화된 코드(성문법)를 의미하는 것이 아니고, 서부 연안 코드 제작자(소프트웨어 코드와 그것에 짜 맞추어 들어간 통제적 요소)에 의해 구조화된 코드를 말한다. 그 견해차인 통제 시스템이 그것을 승인해야만 하는 구조 속으로 짜 맞추어질 수 있다는 데서 기인한다. 제임스 보일 교수가 미셸 푸코의 이론을 적용해 표현한 것처럼 암호화와 통세는 전선에 새겨 넣어진다. 그리고 훈육체계가 전선에 암호화되어 새겨지면 이는 입법자들의 입법보다 인간의 행위에 보다 직접적이고 강력한 영향을 미친다.

"당신은 이것을 윈도우 환경에서만 읽을 수 있고, 매킨토시에서는 읽을 수 없다."라는 전자책의 과도함은 공갈보다도 더 심한 것이다. 훈육체계는 그 이면에 수학적 계산을 지니고 있는 일련의 통제라고 할 수 있다. 우리는 그것을 암호화라고 부르며, 이런 통제들은 디지털 밀레니엄 저작권법에 의해 법적인 보호를 받게 되었다.

이와 같은 주장은 미국의 상황에만 국한된 것이 아니고, 정보사회 선진국인 우리 사회에도 타당한 주장이라고 생각한다. 다만 '동부 연안 코드'와 '서부 연안 코드'는 미국 상황을 고려한 표현이므로 이 글에서는 '규범적 코드'와 '기술적 코드'라는 표현으로 대신한다.

이것이 바로 현실공간의 법적 기반과 사이버공간의 법적 기반의 차이점이다. 같은 사회문제라도 하더라도 그것이 작동하는 공간이 현실공간이냐 사이버공간이냐에 따라 규제 요인인 법, 법을 제외한 사회규범, 교육·홍보, 시장, 구조, 그리고 구조를 결정하는 기술 등이 그 정도에 있어 차이를 보일 뿐만 아니라 서로 다르게 작동한다. 특히 사이버공간에서는 구조와 구조를 결정하는 기술이라는 규제 요인을 주목해야만 한다.

법과 다른 수단의
상호작용

 규범적 코드와 기술적 코드는 각각 독자적 영역에서 자율적으로 움직이는 것이 아니다. 이들은 각각 사이버공간에서 제약요인으로 작동하면서 상호 영향을 주고받는다. 이것이 우리에게 무엇을 시사하는가?

 우리가 어떤 법적 문제를 해결하고자 할 때, 예를 들어 지적재산의 보호와 이용과 관련된 문제를 해결하고자 할 때, 법학의 전통적 관점에 따르면 법적 차원에서 보호 수준을 결정해 입법하거나 법률을 해석할 것이다. 그리고 입법이 입법재량권을 벗어난 예외적인 경우에만 헌법적 심사를 할 것이다.

 그러나 이와 같은 견해에 따르면 이런 경우 문제의 해결은 오로지 규범적 코드에 초점을 맞춘 채 이루어질 수 없다. 제기된 문제에 대한 올바른 처방을 찾으려면 규범적 코드와 구조 또는 구조를 결정하는 기술적 코드 사이의 상호작용을 고려해야 한다. 그런 상호작용 속에서 규범적 코드가 작동하는 것이다.

지적재산의 보호 수준은 지적재산을 보호하는 법에 의해 결정될 뿐만 아니라 그런 지적재산을 보호하는 법이 존재하는 기술적 하부구조에 의해서도 결정된다. 따라서 지적재산권법에서 그 보호 수준을 결정하는 데 현재와 장래에 기술적 코드에 의해 지적재산이 어느 정도 보호되고 있는지, 어떻게 보호되고 있는지를 충분히 고려해야 한다.

예를 들어 디지털기술, P2P와 같이 지적재산권을 침해하는 데 이용될 수 있는 기술(IPITs)들이 등장해 현재까지 유지되던 보호와 이용의 균형점을 깨뜨렸다고 가정하자. 이런 문제를 해결하기 위해 규범적 코드를 사용하고자 할 경우, 코드이론에서는 단순히 규범적 차원에서 법적 보호 수준을 결정해 입법하지 않는다. 우선적으로 저작권관리기술(DRM)과 같이 균형을 깨뜨린 기술에 대응해 지적재산권을 보호하는 데 이용될 수 있는 기술(IPETs)의 발전이 어느 정도 수준에 있어 어느 정도 문제에 대처하고 있는지를 확인해, 원래 균형점에서 대응 기술로 보완되는 수준을 제한 나머지 수준만큼만 지적재산권법이 보호해줄 것이다. 그리고 이렇게 결정된 보호 수준을 달성하기 위한 수단을 선택할 때도 기술적 코드의 작용을 고려해 선택해야 한다.

기술적 보호 조치의 법적 보호에 관한 논의 중에서 기술적 보호 조치를 법적으로 인정하는 것을 넘어 기술적 보호 조치를 침해하는 행위를 법적으로 금지할 필요성이 있는가에 대한 판단에서와 같이 지적재산권 보호 입법의 필요성과 그 정도의 판단에서 규범적 코드와 기술적 코드의 관계를 반드시 고려해야 한다. 지적재산의 보호 수준은 지적재산을 보호하는 법에 의해 결정될 뿐만 아니라 지적재산을 보호하는 법이 존재하는 기술적 하부구조에 의해서도 결정되기 때문이다.

더 나아가 그런 지적재산권 보호 입법의 도입으로 그것이 다시 기술적 코드에 어떤 영향을 미칠지도 반드시 고려해야 한다. 그것은 지적재산권 보호 입법의 도입에 따른 효과의 일부분이지만 놓치기 쉬운 부분이다. 예를 들어 기술적 보호 조치를 침해하는 행위를 법적으로 금지하는 입법을 도입한다면, 입법 전의 상태와 비교해 지적재산권 보호 기술의 개발 의욕은 상대적으로 저하될 확률이 높다. 보호 입법 이전에는 지적재산권 보호 기술이 침해 기술에 의해 무력화되지 않는 수준이 목적이었다면, 보호 입법 이후에는 지적재산권 보호 기술이 침해 기술에 의해 무력화되더라도 법으로 그런 보호 기술 무력화 행위에 대처할 수 있기 때문이다.

요약하면 법을 사회문제를 해결하는 기능을 수행하는 정책적 수단이라고 이해할 필요가 있다. 그런데 정책적 관점에서 법을 바라볼 때는 몇 가지를 꼭 고려해야 한다.

첫째, 모든 법은 사회문제를 해결하기 위한 수단이지만, 많은 법은 가치와 밀접한 내용을 담고 있다. "사람을 살해한 자는 사형, 무기 또는 5년 이상의 징역에 처한다.", "고의 또는 과실로 인한 위법행위로 타인에게 손해를 가한 자는 그 손해를 배상할 책임이 있다."와 같은 법이 그런 예다. 따라서 이런 법은 정책적으로 개정과 폐지를 고려할 것이 아니다. 정책적 관점에서 다룰 수 있는 법은 모든 법 중 일부다.

둘째, 법은 당해 사회문제를 해결하기 위한 하나의 수단에 불과하다. 따라서 그것을 동원할지를 결정할 때는 다른 정책 수단이 당해 문제를 해결할 수 없는지 검토 후 이를 결정해야 한다.

셋째, 법을 통해 당해 사회문제를 해결하기로 결정했다면 그것이 다른 정책 수단과 어떤 상호작용을 해서 어떤 결과를 초래할지 신중하게 살펴야 한다. 예를 들어 지능정보사회에서는 구조와 구조를 결정하는 기술이 법에 미치는 영향과 법이 그것에 미치는 영향을 요모조모 살펴봐야 한다.

——— 공존을 위한 규칙,
그 오해와 이해

사법, 공법, 그리고 사회법

 법학적 관점에서는 우리가 사는 공간을 사회와 국가(또는 정부)라는 영역으로 나누고, 자유롭고 평등하게 태어난 개인이 모인 '사회'는 사적 자치의 원리에 따라 운영되고, 사람의 재산, 생명, 안전을 보장하기 위해 만든 '국가'는 사람의 동의에 의해 정당화할 수 있다는 민주주의 원리, 법에 따라 구성되고 운영되어야 한다는 법치주의 원리에 따라 구성되고 운영되어야 한다.

 사회에서 발생하는 문제, 즉 자유롭고 평등하게 태어난 개인 간에 발생하는 문제를 해결하기 위해 만든 민법과 같은 법을 사법이라고 한다. 그리고 국가를 구성하고 운영하기 위한 법, 국가와 개인 간에 발생하는 문제를 해결하기 위해 만든 헌법, 형법 등을 공법이라고 한다. 이런 의미에서 사법은 사적 자치의 원리가 대원칙이고, 공법은 민주주의 원리, 법치주의 원리가 대원칙이다.

현대에 들어와 사회 영역에서 발생하는 각종 사회문제를 해결하기 위해 국가가 나서야 한다는 복지국가 원리를 공법의 원리로 추가하고, 복지 기능을 수행하기 위해 새로운 유형의 법인 노동법, 사회보장법, 공정거래법, 소비자보호법 등을 만든다. 이를 사회문제를 해결하기 위해 제정했다는 의미에서 사회법이라고 한다. 이 법은 사회 영역에 적용되는 법이므로 사적 자치의 원칙을 원칙으로 하지만, 여기서 발생하는 사회문제를 해결하기 위한 한도 내에서 국가가 나서기 위해 수정해서 적용된다.

요약하면 자유롭고 평등하게 태어난 개인 간에 발생하는 분쟁을 해결하기 위해 만든 민법, 상법과 같은 법을 '사법'이라고 하며, 국가를 구성하고 운영하기 위한 법, 국가와 개인 간에 발생하는 문제를 해결하기 위해 만든 헌법, 형법과 같은 법을 '공법'이라고 한다. 그리고 각종 사회문제를 해결하기 위해 만든 노동법, 사회보장법, 공정거래법, 소비자보호법과 같은 법을 '사회법'이라고 한다.

법을 그 '법의 성격'을 기준으로 사법, 공법, 사회법으로 분류하는 것은 법학에서 매우 일반적으로 쓰이고 학교 법교육에서도 오래전부터 내용 요소 중 하나다. 이것은 우리가 특정 사건을 해결하기 위해 '법'을 찾아 해석해서 적용할 때 '당해 법'을 이해하고 해석하는 데 결정적인 도움이 되므로 매우 유용한 분류다. 예를 들어 살해 사건을 해결하기 위해 형법 제250조를 찾아오면 우리는 이 법이 공법이라는 것을 이미 알고 있으므로 이 법은 국가와 시민의 관계를 규율하는 법이고, 이를 해석하고 적용할 때 사적 자치의 원리가 아닌 민주주의 원리, 법치주의 원리, 복지국가 원리가 적용되어야 한다는 것을 깨닫는다. 따라서 문리 해석을 해서 이 사건을 해결하기 어려운 경우 '무리하게 유추 해석해서는 안 되겠구나' 하는 중요한 생각을 할 수 있다.

  여기까지는 중학교 사회 정도를 공부한 독자라면 누구나 알 수 있는 내용이다. 중학교 사회에서는 사법을 개인과 개인의 관계를 규율하는 법, 공법을 국가와 개인의 관계를 규율하는 법, 사회법을 사회문제를 해결하기 위해 개인과 개인 간의 관계에 국가가 개입하는 법으로 개념화해서 제시한다.

법의 종류에 관한 오해와 이해

그런데 여기서 한 걸음 더 나아가 우리 초등학교, 중·고등학교에서 명시적으로 가르치지 않는, 또는 잘못된 지식을 가르쳤을 수도 있는 사항이 두 가지 있다. 첫째, 사회법을 사회문제를 해결하기 위해 개인과 개인 간의 관계에 국가가 개입하는 법으로 개념화해서 제시하는 것은 정확한 것이 아니다. 둘째, 사법, 공법, 사회법은 전체 법 영역을 하나의 기준을 가지고 상호 배타적으로 나누어질 수 있는 법의 종류가 아니라는 것이다. 차례대로 살펴보자.

첫째, 사회법을 사회문제를 해결하기 위해 개인과 개인 간의 관계에 국가가 개입하는 법으로 개념화해서 제시하는 것은 정확한 것이 아니다. 예를 들어 사회법의 하나인 근로기준법, 노동조합 및 노동관계조정법과 같은 노동법, 소비자기본법, 독점규제 및 공정거래에 관한 법률, 소비자기본법 같은 경제법은 이런 설명을 충족시키는 법이지만, 국민기초생활보장법, 국민연금법 등의 법은 개인과 개인 간의 관계에 국가가 개입하는 법이 아니다.

즉 사회법이 사회문제를 해결하기 위한 법이라는 것은 개념적 표지이지만, 사회문제를 해결하기 위한 방법은 국가가 개인과 개인 간의 관계에 개입하는 방법도 있고 국가가 직접 문제를 해결하는 방법도 있다. 예를 들어 사회적 약자인 임대인을 보호하기 위해 주택임대차보호법이라는 법을 제정하는 방식이 전자의 방식이다. 그리고 질병이 발생해서 적절한 진료가 필요하지만 경제적 이유로 적절한 진료를 받을 수 없는 시민을 위해 국가가 국립병원을 만들어 무상 또는 저가로 진료해주는 것이 후자의 방식이다. 요약하면 사회법은 '사회문제를 해결하기 위해 국가가 사회에 개입하는 법'이지만, '개인과 개인 간의 관계에 국가가 개입하는 방법' 뿐 아니라 '국가가 직접 문제를 해결하는 방법'도 있는 법이므로 후자는 사회법의 개념적 표지가 아니다.

둘째, 사회법은 사법, 공법을 분류하는 기준과 같은 기준에 따라 분류된 법의 종류가 아니다. 이는 첫 번째 사항을 심사숙고하면 짐작할 수 있다. 법은 사법, 공법, 사회법으로 3분된다고 설명할 수 있지만, 엄밀한 의미에서 사회법은 사법, 공법과 배타적인 영역을 차지하는 법이 아니다. 따라서 법은 사법, 공법으로 2분될 수 있다고 설명할 수도 있다.

현행 중학교 사회 교과서에서 사법 중 하나로 안내하는 주택임대차보호법은 사회적 약자인 임대인을 보호하기 위한 법이라는 점에서 사회법의 하나로 설명할 수도 있다. 한편, 과거 고등학교 법과 정치 교과서에서 사회법 중 하나로 안내하던 제조물책임법은 소비자와 제조자에서 발생한 법률문제를 해결하기 위한 법이라는 점에서 사법의 하나로 설명할 수도 있다. 또 바뀐 교육과정의 고등학교 법과 사회 교과서에서 사회법으로 안내하고 있는 국민기초생활보장법은 국가가 개인에게 일정한 급부를 하는 법이라는 점에서 공법의 하나로 설명할 수도 있다. 즉 사회법은 모두 사법 또는 공법으로 환원될 수 있다.

이런 의미에서 '사법, 공법, 사회법 3분론'은 상대적인 것으로 이해되어야 한다.

마치는 글

 지금까지 법을 통해 사람과 사람 사이를 여정했다. 이로써 법이란 우리가 더불어 살기 위해 정한 최소 규칙이라는 것을 알고, 우리가 매일 의식하며 살고 있는 법은 근대인의 이상인 "자유롭고 평등한 개인"을 만들기 위한 기획이 담긴 발명품이라는 것을 알게 되었다.

 근대인의 이상을 담은 근대법은 현대에 와서 저임금, 실업, 소년 노동, 가난, 질병, 불공정거래, 불충분한 소비자보호 등의 문제에 부딪혔고 이를 해결하기 위해 국가가 나서기로 하고 노동법, 사회보장법, 공정거래법, 소비자보호법 등의 사회법을 만들었다. '사회'는 사적 자치를 원리로 하되 이를 일부 수정하는 전략을, '국가'는 민주주의, 법치주의, 복지국가를 원리로 하는 전략을 취했다. 이를 통해 근대의 이상인 '자유롭고 평등한 개인'을 포기하지 않고 현실에 적응하며 구현하기 위한 고도의 전략을 선택한 것이다.

여기서 사적 자치의 원리란 자유롭고 평등하게 태어난 개인은 법에서 금지하지 않는 한 어떤 행위도 자유롭게 할 수 있다는 원리다. 이것은 공동체 또는 전체와 대비되는 한 사람 한 사람이 논리적으로 우선하며 중요하다고 생각하는 개인주의와 개인의 인격을 가치 있게 생각해야 한다는 인간 존엄, 인격주의에 바탕을 둔 것이다. 사적 자치에 통용되는 근대에서 우리는 모두 세상에 태어날 때부터 봉건 사회의 신분에 얽매이지 않고 자유롭게 평등한 인격체다.

국가가 따라야 하는 민주주의 원리란 국가권력의 정당성은 자연이나 신에서가 아닌 시민의 동의에서 구해야 하고, 국가기관의 구성과 운영은 시민의 뜻에 따라야 한다는 것이다. 이로써 사람은 더 이상 지배받는 자가 아니라 지배하는 자로 전제된다.

그러나 모든 사람이 지배한다는 것은 이상일 뿐 현실이기 곤란하다. 자본주의를 사는 많은 사람은 생계를 위해 일하기에도 벅차다. 이런 의미에서 민주주의가 더 실질적으로 구현되려면 우리 삶이 풍요로워져야 하고 더 많은 시민의 '참여'와 '숙고'를 이끌어낼 수 있도록 제도의 개선이 필요하다. 법치주의란 법에 의해 국가를 구성하고 운영해야 한다는 것이다.

법치주의의 수범자는 일차적으로 국가다. 시민이 법을 준수해야 하는 이유는 정치적인 의무에서 구해져야 한다. 국가가 법치주의에 따르면 국가 작용이 예측 가능해지기 때문에 시민의 삶은 안정적이다. 사람의 행복하게 생각하고 사는 데는 내 뜻이 공동체의 의사결정에 반영되는 것도 중요하지만, 삶이 예측 가능해 안정적인 것도 필요하다. 이런 면에서 법치주의는 민주주의를 보완하는 기능을 수행한다. 또한 복지국가 원리란 시민의 자율성을 존중하면서도 사회에서 문제가 발생하면 국가가 나서서 이런 사회문제를 해결해 시민의 인간다운 삶을 보장하겠다는 것이다.

근대법은 중세 봉건사회를 극복하고 근대를 열며 선언했던 것처럼 모든 사람은 자유롭고 평등하며, 공동체 안에서 다른 사람과 더불어 사는 자기결정권을 가졌으며, 그렇기 때문에 합리적 의사결정을 하는 존재라고 전제하고 다양한 제도를 설계했다. 헌법, 기본권, 국민주권, 의회, 대통령, 법원 등이 바로 이렇게 사람을 전제하고 우리가 만든 제도다.

그러나 다른 한편으로 현대법은 근대법에서 전제하고 있는 추상적인 사람뿐 아니라 현재 대한민국을 살고 있는 다양한 사람의 모습을 그대로 인정하기도 한다. 구체적이고 다양한 사람은 지금 우리 주변에서 우리가 순간순간 마주치고 있는 사람이다. 법은 이렇게 다양한 처지에 놓인 사람의 구체적인 사정에 주목한다. 구체적인 사정에 특히 주목해 '다양한 처지에 놓인 사람의 구체적인 사정'을 '유형화'해서 이를 해결하기 위한 정책을 마련하고 이를 법으로 규율한다. 이 유형화 과정에서 구체적인 사람은 다시 추상화된다.

그렇다. 법이 전제하고 있는 것처럼 모든 사람은 자유롭고 평등하며, 공동체 안에서 다른 사람과 더불어 사는 자기결정권을 가졌으며, 그렇기 때문에 합리적 의사결정을 하는 존재다. 이것은 사람이 실제로 그렇다는 것이 아니라 그래야 한다는 우리의 이상을 반영한 것이다.

우리가 이것을 아는 것이 중요하다. 다시 한번 말하지만 모든 사람은 자유롭고 평등하며, 공동체 안에서 다른 사람과 더불어 사는 자기결정권을 가졌으며, 그렇기 때문에 합리적 의사결정을 하는 존재여야 한다. '이상'이 충족되는 않는 '현실'에서 사는 우리의 모습을 관찰한 법은 다시 이 '이상'을 실현하기 위해 복지국가 원리와 이를 구현하기 위한 사회법으로 고군분투하고 있다. 또한 '이상'의 기준을 충족하지 못하는 사람에게는 법적 책임을 면제해준다. 이렇게 보았을 때 법은 '이상'과 '현실' 두 관점 모두에서 사람을 보고 있다.

그렇다고 우리 현실의 법이 완벽하다고 생각해서는 결코 안 된다. 법은 현실을 적절하게 규율하기 위해 끊임없이 사람을 관찰하지만 이에 대한 구체적인 처방은 시간이 필요하고, 우리의 표현과 주장, 독려라는 참여가 필요하다.

이렇게 우리가 나의 처지를 표현하고 주장하며 법의 변화를 위해 참여하는 데 이 책에서 함께 고민하며 생각해본 경험과 그 경험에서 얻은 지식이 도움이 되었으면 좋겠다. 아니, 도움이 되리라 자신한다. 현대 법의 본질을 이처럼 가벼운 분량으로 소개하는 책은 없었다고 생각하기 때문이다.

이제 법을 통한 사람과 사람 사이에 대한 여정을 끝내야 할 시간이다. 함께여서 즐거웠습니다. 감사합니다.

참고문헌

강동범, 〈제19대 국회의 형법 개정법률안 중 범죄론 규정에 대한 검토〉, 《법학논집》 제20권 제3호, 이화여자대학교 법학연구소, 2016.

고경업, 〈'법 없이도 살 사람, 법 있어야 살 사람'〉, 제주일보 인터넷판 칼럼, 2010.7.14.

곽윤직, 《민법총칙》, 박영사, 2013.

구스타프 라드부르흐 저, 윤재왕 역, 《법철학》, 박영사, 2021.

권영성, 《헌법학원론》, 법문사, 2008.

김남철, 《행정법강론》, 박영사, 2023.

김정오 외, 《법철학: 이론과 쟁점》, 박영사, 2022.

김종석, 〈법에 있어서의 인간상에 관한 고찰〉, 《법학연구》 제61권, 한국법학회, 2016.

김철수, 《헌법학신론》, 박영사, 2009.

김하열, 《헌법 강의》, 박영사, 2023.

노기호, 《교육권론》, 집문당, 2008.

로렌스 레식 저, 김정오 역, 《코드 2.0》, 나남, 2009.

모경환·차경수, 《사회과교육》, 동문사, 2021.

박상기 외, 《법학개론》, 박영사, 2018.

배종대, 《형법총론》, 홍문사, 2020.

손유은·정필운, 〈인권 침해와 그 구제, 어떻게 가르칠 것인가?-

2015 개정 교육과정 중학교 사회의 인권 단원에서 관련 서술의 문제점과 개선 방안〉, 《법과인권교육연구》 제15권 제3호, 2022.

은지용·정필운, 〈민주주의와 법치주의의 관계, 어떻게 가르칠 것인가? -사회과 교육과정 및 교과서 내용 분석을 중심으로〉, 《시민교육연구》 제49권 제3호, 2017.

이수경·정필운, 〈우리는 왜 권리를 가르치는가? -2015 개정 교육과정 초등학교 사회에서 권리 교육의 문제점과 개선 방안〉, 《법교육연구》 제17권 제2호, 2022.

이재상·장영민·강동범, 《형법총론》, 박영사, 2023.

임종률, 《노동법》, 박영사, 2017.

장 자크 루소, 정성환 역, 《사회계약론》, 홍신문화사, 1994.

장영수, 《헌법학》, 홍문사, 2024.

전광석, 《사회보장법》, 집현재, 2022.

전광석, 《한국헌법론》, 집현재, 2023.

성중섭, 《헌법학원론》, 박영사, 2012.

정필운, 《전환기의 교육헌법》, 박영사, 2022.

정필운·박선웅, 〈갈등의 치유, 대립의 통합 과정에서 헌법의 기능〉, 《연세법학연구》 제26권, 2015.

정필운·은지용, 〈법치주의, 어떻게 가르칠 것인가? -사회과에서 법치주의 관련 교육 내용에 대한 비판적 검토〉, 《법과인권교육연구》 제10권 제2호, 2017.

존 롤스 저, 장동진·김만권·김기호 역, 《만민법》, 아카넷, 2009.

최봉철, 〈도덕의 법적 강제에 대한 논쟁과 헌법재판소의 결정〉, 《성균관법학》 제18권 제3호, 2006.

최용규 외, 《사회과 교육과정에서 수업까지》, 교육과학사, 2016.

한수웅, 《헌법학》, 법문사, 2023.

허영, 《한국헌법론》, 박영사, 2024.

허영, 《헌법이론과 헌법》, 박영사, 2021.

杉原泰雄, 《國民主權と國民代表制》, 有斐閣, 1983.

樋口陽一, 《近代立憲主義と現代國家》, 勁草書房, 1973.

Erwin Chemerinsky, Constitutional law, Wolters Kluwer, 2020.

Jean Jacques Rousseau, Du Contrat Social, OEuvres Complètes Ⅲ, Garrimard, 1964.

John Dunn, Locke, Oxford: Oxford University Press, 1984.

John Locke, ed. Thomas P. Peardon, The Second Treatise of Government, The Liberal Arts Press, 1952.

John Rawls, The Law of Peoples; With, The Idea of Public Reason Revisited, Harvard University Press, 1999.

Lawrence Lessig, Code: version 2.0, BasicBooks, 2006.

Thomas Hobbes, ed. C.B. Macpherson, Leviathan, Penguin Book, 1968.

인격적으로 점잖은 무게 '드레'

드레북스는 가치를 존중하고 책의 품격을 생각합니다